Fundamentos
do Marketing Estratégico

Fundamentos do Marketing Estratégico

2020

Luiz Claudio Zenone

FUNDAMENTOS DO MARKETING ESTRATÉGICO
© Almedina, 2020
AUTOR: Luiz Claudio Zenone
EDITOR DE AQUISIÇÃO: Marco Pace
REVISÃO: Camila Loricchio
DIAGRAMAÇÃO: Almedina
DESIGN DE CAPA: Roberta Bassanetto
ISBN: 9788562937262

Dados Internacionais de Catalogação na Publicação (CIP)
(Câmara Brasileira do Livro, SP, Brasil)

Zenone, Luiz Claudio
Marketing estratégico / Luiz Claudio Zenone. --
São Paulo : Actual Editora, 2019.

Bibliografia
ISBN 978-85-62937-26-2

1. Administração 2. Estratégia empresarial
3. Marketing 4. Marketing - Administração
5. Marketing - Planejamento 6. Planejamento
estratégico I. Título.

19-31724 CDD-658.802

Índices para catálogo sistemático:

1. Marketing estratégico : Administração de empresas 658.802

Maria Alice Ferreira - Bibliotecária - CRB-8/7964

Este livro segue as regras do novo Acordo Ortográfico da Língua Portuguesa (1990).

Todos os direitos reservados. Nenhuma parte deste livro, protegido por copyright, pode ser reproduzida, armazenada ou transmitida de alguma forma ou por algum meio, seja eletrônico ou mecânico, inclusive fotocópia, gravação ou qualquer sistema de armazenagem de informações, sem a permissão expressa e por escrito da editora.

Janeiro, 2020

EDITORA: Almedina Brasil
Rua José Maria Lisboa, 860, Conj.131 e 132, Jardim Paulista | 01423-001 São Paulo | Brasil
editora@almedina.com.br
www.almedina.com.br

A todos que colaboraram para que esta obra se concluísse, em especial à minha esposa e meus filhos pelo apoio constante em minhas realizações.

Agradecimentos

Os conceitos e princípios deste livro foram desenvolvidos ao longo de vários anos. Assim sendo, devo agradecer àqueles que aceitaram minha argumentação e que mais me encorajaram a publicar mais esta obra: minha família e meus amigos.

Quem ensina faz cópias, quem manda faz escravos, meu objetivo ao escrever esta obra foi apenas de transmitir minha maneira de pensar sobre os desafios do marketing em mercados competitivos.

Sumário

Agradecimentos 7

1. Marketing Estratégico e a Competitividade Empresarial
1.1. Estratégias Competitivas 17
1.2 As Cinco Forças Competitivas 20
   1.2.1 Entrantes em Potenciais 20
   1.2.2 Pressão dos Produtos Substitutos 21
   1.2.3 Poder de Negociação com os Compradores... 22
   1.2.4 Poder de Negociação Entre Fornecedores 22
   1.2.5 Rivalidade Entre os Concorrentes 23
1.3 Mas o Quê Significa Competir? 24
1.4 O Marketing Estratégico 26
1.5 O Planejamento Estratégico 30
Referências 37

2. Análise do Ambiente Externo e Interno
2.1 Análise do Mercado 44
2.2 Análise da Concorrência 45
   2.2.1 O *Benchmarking* Competitivo 47
2.3 Análise da Empresa (Análise Interna) 51
2.4 O Momento da Decisão Estratégica 55
   2.4.1 Análise SWOT 55
   2.4.2 A Matriz BCG 57
2.5 Definição do Objetivo, Mercado-alvo e Estratégias.. 60
2.6 O Posicionamento Estratégico das Empresas 64
Referências 67

3. Inteligência Competitiva (*Business Intelligence*)

3.1 O Papel da Informação no Planejamento 73
3.2 O Conceito de Inteligência Competitiva (*Business Intelligence*) 77
3.3 Metodologia de Escolha e de Implantação de uma Solução de *Business Intelligence*. 82
3.4 As Principais Ferramentas do *Business Intelligence*: Database Marketing, CRM e Data Warehouse. 83
    3.4.1 Database Marketing. 85
    3.4.2 *Customer Relationship Management* (CRM). 85
    3.4.3 *Data Warehouse* 88
    3.4.4 Outras Ferramentas Associadas: *Data Mining* e Data Mart 89
3.5 Pesquisa de Mercado 91
    3.5.1 Pesquisa de Mercado: Qualitativa 96
    3.5.2 Pesquisa de Mercado: Quantitativa 97
3.6 Neuromarketing: o Limite da Ética no Marketing. . . 101
Referências 103

4. Comportamento do Consumidor

4.1 Entendendo o Comportamento do Consumidor 109
4.2 O Processo de Decisão de Compra 115
    4.2.1 As Expectativas Como o Início do Consumo. . 118
    4.2.2 Seleção de Estímulos e Construção de Alternativas 119
    4.2.3 Avaliação das Alternativas e Julgamento Sobre o Consumo. 122
    4.2.4 O Momento de Compra 125
    4.2.5 Comportamento Pós-compra 128
Referências 130

5. Definição das Estratégias de Marketing

5.1 Marketing no Contexto Empresarial. 137
5.2 Marketing em Paralelo com a Gestão Empresarial. . . 138
5.3 Delineando o Marketing Moderno 139

5.4 O Futuro do Marketing..................... 139
5.5 Composto ou Mix de Marketing............... 142
  5.5.1 Produto............................. 144
  5.5.2 Preço............................... 146
  5.5.3 Ponto de Venda (Distribuição)............ 148
  5.5.4 Comunicação......................... 150
5.6 Do Foco do Produto ao Foco no Cliente
    (Relacionamento)........................... 152
5.7 A Importância da Gestão da Marca.............. 155
  5.7.1 Posicionamento da Marca................ 157
  5.7.2 Tendências para a Comunicação Moderna.... 160
  5.7.3 *Brand Equity*......................... 161
5.8 O Marketing Social......................... 163
  5.8.1 O Consumidor Cada Vez Mais Consciente... 166
Referências.................................. 167

6. Competitividade Empresarial por Meio da Gestão Estratégica
6.1 *Balanced Scorecard* (BSC)...................... 174
6.2 Liderança Estratégica........................ 179
6.3 Administração Participativa................... 185
6.4 Gestão do Conhecimento..................... 189
6.5 Governança Corporativa Auxiliando na Performance
    Empresarial............................... 191
Referências.................................. 194

7. Considerações Finais
De Volta à Miopia............................. 198
Marketing Empreendedor....................... 200

Capítulo 1
Marketing Estratégico e a Competitividade Empresarial

AS RELAÇÕES COMERCIAIS JÁ SE ENCONTRAM muito diferentes daquelas apresentadas em décadas passadas. A mundialização[1] (globalização) dos mercados, o aumento da competitividade nos negócios e a crescente utilização da tecnologia da informação nas estratégias mercadológicas das empresas já não são mais tendências, mas sim uma realidade nos negócios.

Os mercados se transformaram rapidamente e aproximaram ainda mais os consumidores das empresas. Em razão deste cenário, surgem constantemente novas oportunidades e ameaças, considerando as modificações no estilo de vida das pessoas há um aumento da complexidade do ambiente mercadológico e o consumidor torna-se cada vez mais exigente.

Essa complexidade traz um desafio às organizações: o contínuo aprimoramento de seus processos[2], produtos e serviços, visando oferecer alta qualidade com custo compatível e competitivo, na

---

[1] A globalização define o processo no qual os mesmos princípios de economia de mercado são aplicados em todo o planeta. No entanto, essa expressão leva em conta apenas o prisma econômico de um movimento muito mais complexo. Daí surgiu o conceito de mundialização, termo que tenta explorar a diversidade e a singularidade dos diferentes processos de globalização existentes em todas as áreas de atividade.

[2] Processo é um conjunto de causas (máquinas, matérias-primas, pessoas, etc.) que provoca um ou mais efeitos (produtos ou serviços).

busca de assumir uma posição de liderança no mercado no qual atua. Redefine-se os fatores determinantes da competitividade, fazendo emergir novas empresas de sucesso e tornando obsoletas aquelas incapazes de evoluir e se adaptar ao novo ambiente mercadológico.

Diante dessa intensificação da competitividade, a definição de estratégias e seu consequente planejamento constituem necessidades básicas das organizações.

Isso reflete o pensamento de Porter (1990), o qual reforça o argumento de que o desempenho acima da média em uma empresa é alcançado e sustentado por meio de uma estratégia competitiva[3].

Sob essa ótica, as empresas buscam maior interação com seus clientes a fim de permanecerem competitivas no mercado. É fundamental redirecionar o pensamento das organizações, tornando-as mais abertas a receber novas ideias e, principalmente, alcançar os anseios de seus consumidores.

Portanto, o sucesso competitivo passa a depender da criação e da renovação das vantagens competitivas[4] por parte das empresas na busca de peculiaridades que a distingam favoravelmente das demais (diferenciação).

O conceito de diferenciação representa o ato de desenvolver, nos produtos, serviços e/ou ideias, um conjunto de características significativas para distinguir a oferta da empresa em relação a da concorrência (Figura 1.1).

---

[3] O desempenho sustentável de uma estratégia competitiva refere-se à vantagem que a empresa tem em relação ao concorrente, sendo difícil de imitar (copiar) e que acompanha a evolução do mercado no qual está inserida.

[4] Vantagem competitiva é um conceito que procura mostrar a forma como a estratégia escolhida e seguida pela organização pode determinar e sustentar o seu sucesso competitivo.

Figura 1.1

Vantagem competitiva a partir da diferenciação estratégica

A sobrevivência das empresas está arriscada; nota-se que elas estão inseridas em ambientes cada vez mais concorridos, e seus produtos e/ou serviços estão muito próximos ou parecidos com o dos seus concorrentes. Surge então uma preocupação que faz parte da maioria das empresas: o que fazer para sobreviver nesse ambiente cada dia mais competitivo?

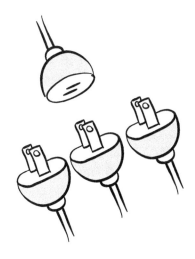

1. Estratégias Competitivas

Reforça-se o conceito de que a procura de novas oportunidades de crescimento da produção e da ampliação do mercado impulsiona as grandes empresas à adoção de novas técnicas e estratégias visando a limitação da concorrência. Essas estratégias[5] não só são importantes enquanto dimensões de crescimento, mas também como dimensões de estrutura de mercado, que em determinados casos podem ser importantes para se compreender o comportamento de uma empresa e seu desempenho no mercado em que atua.

---

[5] Quando uma empresa determina a estratégia está sinalizando como irá competir no mercado. Dentre as possíveis estratégias, têm-se as de produto, posicionamento, preço, comunicação e distribuição, mas todas devem buscar adquirir uma vantagem competitiva para a empresa no mercado de atuação.

A concorrência está intrinsecamente ligada ao sucesso ou ao fracasso de qualquer empresa. Todavia, para Porter (1990), existem duas questões centrais nas quais a escolha da estratégia competitiva é baseada.

A primeira questão é como determinar a atratividade do negócio em termos de rentabilidade a longo prazo e quais os fatores que determinam essa atratividade. "Ramos de negócios diferentes oferecem oportunidades diferentes de rentabilidade e a rentabilidade inerente a um ramo é um ingrediente essencial na determinação da rentabilidade de qualquer empresa que atue nele" (BETHLEM, 1998, p. 226).

Existem ramos de negócios nos quais é possível obter alta rentabilidade sem que haja desgaste ou investimentos significativos. Entretanto, nem todas as empresas oferecem oportunidades iguais em termos de rentabilidade, de modo que existem negócios em que a situação é oposta, as empresas não são lucrativas.

A segunda questão é a de como determinar o posicionamento competitivo[6] da empresa dentro de um segmento[7] ou ramo de negócio. O modelo proposto por Porter (1990) apresenta uma metodologia para encontrar os fatores que determinam a atratividade de um negócio e o melhor posicionamento de uma empresa dentro do mercado, além de determinar como os fatores e forças competitivas vão interferir na escolha da estratégia da organização. O conhecimento preliminar dessas forças possibilita à empresa detectar seus pontos fracos e fortes, direcionando as estratégias para atividades mais atraentes que gerem maiores vantagens competitivas. A origem dessas forças baseadas na concorrência encontra-se, segundo Porter (1990), no conjunto de características econômicas e técnicas inerentes a cada setor.

---

[6] O posicionamento determina um conjunto de diferenciais que a empresa tem em relação aos demais competidores, buscando ocupar um espaço único na mente do consumidor.

[7] Segmentação do mercado é o processo de dividir um mercado em grupos de compradores potenciais que têm necessidades, desejos, percepções de valor ou comportamentos de compra semelhantes.

Entretanto, podem ocorrer, por parte das empresas já estabelecidas, algumas restrições decorrentes do fato de sempre existirem aquelas que acreditam não ser possível influenciar o setor. No entanto, há que se considerar que quando uma empresa pretende influir nessa estrutura, ela está buscando na realidade seguir um caminho no qual seja possível obter uma vantagem significativa em relação aos seus concorrentes. Nesse contexto, independente das ações coletivas das empresas estabelecidas, cada uma estará, de forma singular, buscando encontrar uma posição na qual seja capaz de se defender melhor, ou ainda influenciar esse conjunto de forças a favor de si mesma.

Dessa forma, o posicionamento da empresa frente a esse processo será o de continuamente se adaptar às mudanças decorrentes da dinâmica competitiva e tentar direcionar as tendências do mercado, de tal forma que seja por ele beneficiada.

As cinco forças competitivas às quais Porter (1990) se refere são:

1. a entrada de novos competidores;
2. a ameaça de produtos substitutos;
3. o poder de negociação dos compradores;
4. o poder de negociação dos fornecedores;
5. a rivalidade entre os competidores existentes.

A energia ou o vigor de cada uma das forças descritas por Porter (1990) estão diretamente vinculadas à estrutura de cada negócio e são dependentes de uma série de avaliações, seja da política governamental, dos custos da mudança, da diferenciação e identidade da marca, ou seja da economia de escala, entre outras. As cinco forças podem ser influenciadas pelas estratégias adotadas pelas empresas, e, segundo Porter (1990, p. 6), a metodologia das cinco forças "[...] não elimina a necessidade de criatividade na busca de novas formas de concorrência de uma indústria.". Em suma, essa metodologia visa, no processo, auxiliar na descoberta de uma inovação estratégica aconselhável.

1.2 As Cinco Forças Competitivas

Porter (1990) identificou cinco forças no ambiente de uma organização que exercem influência na competição, conforme a Figura 1.2.

Figura 1.2

Forças que dirigem a concorrência na indústria

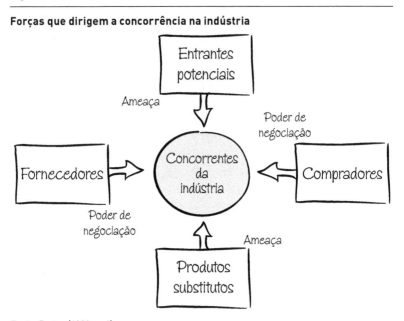

Fonte: Porter (1990, p. 4).

1.2.1 Entrantes em Potenciais

A entrada de novas empresas em busca de maior fatia de mercado num segmento está diretamente relacionada aos níveis existentes de barreiras de entradas, pois estas influenciam na tomada de decisão de entrar ou não e de que forma fazê-lo[8].

---

[8] Para Porter (1990, p. 5) são seis os sustentáculos dessas barreiras à entrada: economia de escala, diferenciação do produto, exigências de capital, desvantagens de custo independentes do tamanho, acesso a canais de distribuição e política governamental.

As novas empresas que entram na competição têm pontos fortes e pontos fracos, trazendo consigo novas competências e vontade de ganhar uma parcela de mercado. Em muitos casos, as empresas entrantes descobrem posições que até então estavam disponíveis, mas que eram ignoradas pelas concorrentes já estabelecidas.

1.2.2 Pressão dos Produtos Substitutos

Em mercados nos quais se estabelece uma ampla competitividade, as empresas concorrem com competidores que fabricam produtos substitutos[9] aos seus. Como resultado dessa concorrência, o setor sofre restrições de crescimento e reduções em seu potencial de lucratividade. Ou seja, os produtos substitutos provocam a redução nos retornos potenciais de uma empresa e ainda nivelam os preços fixando um teto.

A oferta de produtos substitutos resulta inevitavelmente em comparações entre qualidade e desempenho feitas pelos consumidores de forma similar à feita com relação a preço. Os lucros nesse tipo de competição são pressionados e declinantes. Quanto maior for a pressão dos preços provocados pelos substitutos, maior será a queda dos preços.

Segundo Porter (1990, p. 38), os produtos que requerem maiores cuidados são aqueles que:

- estão sujeitos às tendências que melhoram sua opção excludente preço-desempenho em relação aos produtos do setor; ou
- são produzidos por setores de alta rentabilidade.

---

[9] Quanto mais os clientes forem capazes de obter produtos e serviços similares que satisfaçam suas necessidades, mais provavelmente as empresas tentarão estabelecer uma vantagem competitiva. Tal vantagem frequentemente cria um "novo campo de jogo", no qual os produtos "substitutos" não são mais considerados como tal pelo consumidor.

1.2.3 Poder de Negociação com os Compradores

As empresas que possuem um grande poder de influência sobre a rentabilidade de um setor são aquelas que possuem um grande poder de compra. Nesse sentido, a competição provocada pelos compradores é aquela em que estes forçam os preços para baixo, conseguem melhorias nos serviços, inclusive sua quantidade, ao mesmo tempo em que conseguem jogar um concorrente contra o outro.

Um grupo de compradores é forte quando: estão concentrados ou adquirem grandes volumes; o volume de compras representa grande parcela de faturamento para a empresa; enfrentam poucos custos em relação à mudança; consumidores que são uma ameaça concreta de integração para trás. Esses fatores de poder de negociação alteram-se em decorrência do tempo, ou até em decorrência de estratégias adotadas pelas empresas. Adotar uma postura de descobrir compradores que tenham um poder mínimo de negociação pode ser uma estratégia favorável para a empresa.

1.2.4 Poder de Negociação entre Fornecedores

Similarmente aos compradores, os fornecedores podem pressionar pelo aumento dos preços e reduzir o potencial de lucratividade da empresa. É nesse momento que a empresa adquirente poderá perder competitividade no mercado, de modo que seus lucros se tornam decrescentes em virtude da mesma não conseguir repassar os aumentos de custos. O poder de determinados fornecedores decorre principalmente dos seguintes fatores:

1. o setor comprador não tem vínculos importantes com o fornecedor. Se ocorresse o contrário, haveria certa proteção ao setor comprador e até mesmo parcerias tecnológicas por parte dos fornecedores;
2. quando existe a forte possibilidade do setor fornecedor avançar sobre o comprador, sob forma de estratégia de integração para

frente, não existe competição com outros produtos ou serviços nas vendas ao setor; os produtos ofertados pelo fornecedor são diferenciados ou apresentam custos de mudanças[10] e, sobretudo, o poder dos fornecedores se confirma quando é dominado por poucas empresas e é mais concentrado que o comprador.

1.2.5 Rivalidade entre os Concorrentes

Os concorrentes existentes disputam uma posição mais rentável no setor em que atuam utilizando-se de inúmeras estratégias. Os movimentos de um competidor têm efeitos notáveis em outros competidores, ou seja, nos concorrentes, e estes podem, assim, iniciar manobras para conter as ações dos iniciantes. Esse movimento poderá levar a empresa iniciante ao aprimoramento ou até mesmo os demais concorrentes a aprimorarem-se.

Entretanto, se o ritmo competitivo confere, por um lado, nova dinâmica ao processo, por outro, desperta reações extremamente negativas por parte da concorrência, que podem afetar de maneira significativa a rentabilidade do setor. As estratégias mais comumente utilizadas são: as guerras de comunicação, logística ou distribuição, competição via preços e serviços agregados ou produtos/serviços diferenciados.

Todavia cabe salientar que, dentre as estratégias citadas, a que oferece maior instabilidade é a praticada via preços, pois torna possível a redução das receitas para todas as empresas, uma vez que possui um caráter imitativo, possibilitando aos concorrentes a adoção da mesma política de preços.

A concorrência entre as empresas estabelecidas também é resultante de um processo interativo entre os seguintes fatores:

1. *ausência de diferenciação nos produtos e serviços ou custos de mudança*: centram a rivalidade por preços, visto que muitos consumidores baseiam suas escolhas fundamentalmente no preço e no serviço;

---

[10] Os custos de mudanças referem-se, nesse caso, a custos fixos enfrentados pelo comprador na troca do fornecedor.

2. *divergências entre os concorrentes*: as estratégias utilizadas pelas empresas não seguem a mesma direção no decorrer das ações entre os concorrentes;
3. *interesses estratégicos*: em decorrência da adoção de objetivos expansionistas em âmbito global (mundialização), a instabilidade no setor pode atingir níveis elevados, adotando estratégias que sacrifiquem a lucratividade;
4. *barreiras de saídas elevadas*[11]: ativos especializados, altos custos fixos de saída, inter-relações estratégicas, barreiras emocionais, restrições de ordem governamental e social.

Para Porter (1990):

> O ponto central de análise deste conjunto de fatores é que em decorrência da maturidade do setor em que a empresa estabelecida atua, podem resultar modificações das taxas de crescimento e também, na diminuição do nível de lucratividade, ao longo do tempo, podendo ocasionar até a eliminação da concorrência.

Embora as empresas possuam capacidade para conviver com a maioria desses fatores, alguns outros elementos devem ser observados, tais como o tipo da estrutura do mercado em que estão inseridas, levando em consideração a capacidade estratégica que possuem na interação com esse conjunto de forças concorrenciais.

1.3 Mas o que Significa Competir?

A partir do que foi apresentado até o momento, em relação ao cenário mercadológico, percebe-se que as empresas convivem constantemente com mudanças baseadas no trinômio informação-tecnologia-estratégia que podem ser comparadas à Revolução Industrial. Estruturas flexíveis, visibilidade de toda a cadeia de negócios, maior controle sobre

---

[11] A empresa permanece concorrendo mesmo obtendo retornos abaixo do esperado ou até negativos (Porter, 1990).

os custos e tecnologia da informação adequada aos estágios de desenvolvimento dos negócios são elementos vitais para as empresas que pretendem ser bem-sucedidas nesse universo marcado pela competição exacerbada.

Além da informação e da tecnologia, para poder atuar nesse cenário competitivo, as empresas devem desenvolver estratégias mais adequadas às exigências do mercado, como na Figura 1.3. O termo estratégia é derivado do grego *strategos*, que significa "a arte do general[12]".

Figura 1.3

Forças empresariais com objetivo de conquistar vantagem competitiva.

Adaptado de Porter (1990).

A estratégia de uma empresa é um modelo de decisão no qual estão determinados os objetivos e metas, e as normas e os planos para alcançá-los. Esse modelo também delimita as fronteiras do negócio e da atuação empresarial. Além disso, congrega decisões

---

[12] Em termos de dicionário, a palavra estratégia se refere ao uso militar, por exemplo, o conceito de estratégia é a "arte de traçar os planos de uma guerra". Do mesmo modo, a palavra "estratégia" é um termo criado pelos antigos gregos que significava um magistrado ou comandante-chefe militar. Ao longo dos dois milênios seguintes, refinamentos do conceito de estratégia continuaram a focalizar as interpretações militares. Em termos empresariais, pode-se definir a estratégia como a mobilização de todos os recursos da empresa no âmbito global visando atingir objetivos de longo prazo. Na Segunda Revolução Industrial, ocorrida no século XIX, nos Estados Unidos, deu-se a emergência da estratégia como forma de moldar as forças do mercado e de afetar o ambiente competitivo.

estratégicas que se mostram eficazes ao longo do tempo e tendem a modelar o caráter, a imagem e a individualidade dos componentes e da empresa como um todo.

Alguns aspectos do modelo de decisões podem se manter estáveis por um longo período de tempo, como, por exemplo, fatores que determinam o caráter da empresa. Outros aspectos de uma estratégia, no entanto, devem se adaptar a mudanças ambientais.

Andrews (apud MINTZBERG; QUINN, 1991) chamava atenção para o fato de que, apesar de estarem em níveis diferentes, as estratégias de caráter e as de ação devem estar integradas, pertencendo ao mesmo modelo. A definição resumida de estratégia elaborada pelo autor engloba a linha de produtos e serviços oferecida pela empresa, os mercados e segmentos a que se destinam os produtos e os canais de distribuição.

Porter (1990) em sua análise apresenta que a estratégia competitiva é a combinação dos fins (missão, objetivos e metas) que a empresa busca e os meios (políticas ou estratégias) utilizados para sua concretização. Além disso, a estrutura organizacional tem uma forte influência na determinação das regras competitivas, assim como das estratégias potencialmente disponíveis à empresa.

Percebe-se, então, que a competitividade é a palavra-chave no cenário empresarial, que valoriza a maior proximidade com o mercado e que coloca o mundo como moto-contínuo para as empresas inteligentes.

No entanto, entender e participar desse jogo já não é suficiente. Melhor ainda é antecipar-se às tendências de mercado e ocupar o lugar certo na hora apropriada, oferecendo oportunidades para rever novos comportamentos gerenciais, adotando estratégias mercadológicas (marketing) que ousem quebrar os paradigmas.

1.4 O Marketing Estratégico

As estratégias de marketing, de modo geral, baseiam-se nos estudos detalhados das variáveis controláveis, ou relativamente controláveis, e das variáveis incontroláveis. As variáveis controláveis são aquelas passíveis de gerenciamento, que podem ser redimensionadas ou modificadas conforme as necessidades empresariais e as exigências do mercado: Políticas de Produto ou Serviços, Políticas de Preço, Políticas de Distribuição e Políticas de Comunicação. As variáveis incontroláveis se dividem em forças macroambientais e microambientais e não podem ser (normalmente) gerenciadas pela empresa, pois são forças externas que influenciam as ações de marketing de todos os competidores do mercado (KOTLER, 2000).

O microambiente inclui a empresa em si, os clientes, os fornecedores, os concorrentes, os intermediários de marketing e os públicos. Kotler (2000) identifica as principais forças microambientais como sendo: ambiente demográfico, ambiente econômico, ambiente natural, ambiente tecnológico, ambiente político-legal e ambiente sociocultural.

Os vários tipos de estratégias mercadológicas vêm levando a uma extensão das funções do profissional de marketing. Distingue-se as atividades de marketing em dois blocos, a saber:

1. *marketing estratégico*: relativo às funções que precedem a produção e a venda do produto. Estre as diversas atividades estratégicas tem-se o estudo de mercado (pesquisa), a escolha do mercado-alvo (segmentação), posicionamento da marca (*brand*), a concepção do produto ou serviço, a definição da política de preços, a análise sobre a disponibilidade dos canais de distribuição e comercialização e o planejamento das estratégias de comunicação que serão aplicadas aos diversos públicos de interesse da empresa.

2. *marketing operacional*: designa as operações de marketing posteriores à produção, tais como gerenciamento do produto e serviço, relacionamento com os canais de distribuição e comercialização, acompanhamento da política de preços adotada, a criação e o desenvolvimento de campanhas de comunicação, entre outras.

A função do marketing estratégico é seguir a evolução do mercado de referência, identificar os diferentes produtos-mercado e segmentos atuais ou potenciais, na base da análise de necessidades a satisfazer, e orientar a empresa para as oportunidades existentes ou criar oportunidades atrativas, ou seja, bem adaptadas aos seus recursos e ao seu saber-fazer, que oferecem um potencial de crescimento e rentabilidade.

A essência do marketing estratégico é assegurar que as atividades de marketing da organização adaptem-se às mudanças ambientais externas e possuam os recursos de marketing para fazer isso efetivamente. (LEWIS; LITTLER, 2001, p. 174)

Para uma determinada empresa a atratividade de um produto mercado depende da sua competitividade, ou seja, da sua capacidade — face à sua concorrência — para melhor encontrar a procura dos seus compradores/consumidores. Essa competitividade existirá na medida em que a empresa detiver uma vantagem estratégica, seja pela presença de qualidades distintivas defensáveis que a diferenciam de seus rivais, seja pela produtividade superior que lhe dá vantagem de custo.

A dimensão temporal do marketing situa-se no médio e longo prazo. Seu objetivo é especificar a missão da Empresa, definir metas, elaborar uma estratégia de desenvolvimento e cuidar da manutenção de uma estrutura equilibrada da carteira de produtos ou serviços.

Como o ambiente é dinâmico e novas situações surgem a cada momento, ações estratégicas são tomadas pela empresa com a finalidade de retomar os rumos traçados, independentemente das dificuldades que possam surgir no percurso. As ações estratégicas são adaptáveis, respondendo às contingências ambientais tão logo ocorram, visando com isso o alcance dos objetivos estratégicos da empresa. O grande ponto a ser buscado é o equilíbrio, é a busca da manutenção da estabilidade com o reconhecimento da necessidade de mudanças quando necessário, como mostrado na Figura 1.4.

Figura 1.4

O papel do marketing estratégico

As decisões relativas ao marketing estratégico orientarão os gestores organizacionais no seu planejamento. Por isso, o termo planejamento estratégico significa planejar a estratégia, os meios para atingir os fins, os objetivos de uma empresa, considerando determinado ambiente[13] (CAMPOMAR, 2006, p. 3-6).

Um plano estratégico só faz sentido quando inclui a visão de mercado (necessidades dos clientes), treinamento dos colaboradores internos e externos, estabelecimento de parcerias com intermediários e fornecedores e principalmente os objetivos dos acionistas e/ou empresários. E, sem dúvida, deve-se estabelecer sempre a visão de curto, médio e longo prazo.

---

[13] O ambiente de marketing é composto pelo conjunto de influências externas (ambiente externo) e internas (ambiente interno) que afetam a tomada de decisão de marketing e que têm impacto em seu desempenho.

> **Miopia em marketing**
>
> Em 1960 Theodore Levitt, professor de Harvard, escreveu o artigo que se tornou um clássico da literatura de gestão, no qual sublinhou os perigos do marketing de vistas curtas (miopia). Esta miopia consiste na atitude de concentração nos produtos da empresa (Ênfase no produto), sem atender aos mercados e à concorrência (Ênfase no mercado). Levitt ilustrou esta postura com o exemplo das companhias de trem norte-americanas, bastante poderosas no início deste século, mas que hoje agonizam no segmento de transportes de passageiros. Elas não compreenderam que a grande ameaça estava no desenvolvimento das autoestradas e dos transportes aéreos, e não nos problemas técnicos enfrentados pelas empresas. Faltou-lhes olhar para além do produto, um erro comum em muitas empresas até os dias atuais. Há outros critérios fundamentais para responder às necessidades do mercado, como comunicação adequada, conveniência através de um sistema de distribuição eficiente e um valor adequado às expectativas do consumidor (LEVITT, 1990, p. 147-173).

1.5 O Planejamento Estratégico

O objetivo principal de uma estratégia de marketing de uma empresa é garantir que suas capacidades internas sejam compatíveis com o ambiente competitivo do mercado (externo) em que atua ou deseja atuar, não apenas no presente, mas também no futuro previsível.

Neste capítulo enfatiza-se que o ambiente competitivo enfrentado pelas empresas e as constantes mudanças nos cenários sociais, políticos e econômicos vem reforçando a necessidade de novos modelos de organização e gestão (Figura 1.5), passando de antigas formas burocráticas e rígidas de estruturas organizacionais às estruturas flexíveis, abertas e apoiadas em modernos sistemas da tecnologia da informação[14].

Figura 1.5
Modelos de gestão do passado e no presente

Fonte: Adaptado de Campomar (2006, p. 41-79).

Dessa forma a administração estratégica passou a ter um papel importante na gestão empresarial e na economia, vindo a ser uma ciência vital para a sobrevivência das empresas. O chamado modelo de planejamento tradicional, caracterizado pela centralização de poder, de recursos financeiros, do planejar na primeira pessoa do

[14] A Tecnologia da Informação (TI) é o conjunto de recursos não-humanos dedicados ao armazenamento, processamento e comunicação da informação, e a maneira como esses recursos estão organizados num sistema capaz de executar um conjunto de tarefas. Portanto a TI não se restringe a equipamentos (*hardware*), programas (*software*) e comunicação de dados. Existem tecnologias relativas ao planejamento de informática, ao desenvolvimento de sistemas, ao suporte ao *software*, aos processos de produção e operação e ao suporte de *hardware*.

singular, fechado, descontínuo e desarticulado do contexto, baseado em fórmulas e modelos que procuravam mudar a realidade sem levar em conta os valores e situações ambientais de mudanças, estático e de longo prazo, foi perdendo espaço por não dar respostas aos problemas que exigiam ações rápidas e precisas.

As empresas necessitavam buscar novas formas de planejamento que pudessem satisfazer as necessidades internas e do meio onde estavam inseridas, como a única alternativa viável para sua sobrevivência. Essas necessidades fizeram com que os gestores procurassem adotar um novo modelo de planejamento, o planejamento estratégico, que lhes permitisse coordenar suas atividades com mais segurança, dentro de um mercado competitivo, dando ênfase na análise do meio externo sem descuidar do interno, favorecendo o pensamento intuitivo e a informação qualitativa, desenvolvendo um processo de planejamento de forma aberta e participativa, flexível, descentralizado e integrado, possibilitando tomar decisões a partir de uma perspectiva futura.

Não pode haver dúvida que o planejamento é essencial quando consideramos o ambiente cada vez mais hostil e complexo em que as empresas funcionam. Centenas de fatores externos e internos interagem de um modo desorientadoramente complexo afetando a maneira das empresas conduzirem seus negócios. (MACDONALD, 2004, p. 22)

O planejamento estratégico é uma ferramenta importante dentro do conceito de Marketing Estratégico que inclui, além do próprio planejamento, a administração, a organização, a execução e o controle. Por meio do planejamento estratégico, é possível identificar os riscos e propor planos para minimizá-los e até mesmo evitá-los; identificar seus pontos fortes e fracos em relação à concorrência e ao ambiente de negócio em que você atua; conhecer seu mercado e definir estratégias de marketing para seus produtos e serviços; analisar o desempenho organizacional de seu negócio e avaliar investimentos e retorno sobre o capital investido.

O planejamento estratégico está relacionado aos objetivos de longo prazo e às ações para alcançá-los que afetam a empresa como um todo. Ele é conceituado como um processo gerencial que possibilita ao executivo estabelecer o rumo a ser seguido. É geralmente de responsabilidade dos níveis mais altos da empresa.

Em contrapartida, o planejamento tático está relacionado aos objetivos de curto prazo e às ações que afetam somente uma parte da empresa. Ele tem como objetivo aperfeiçoar determinada área e não a empresa como um todo, sendo desempenhado por níveis organizacionais inferiores (Figura 1.6).

Figura 1.6

Três tipos de planejamento relacionado aos níveis de decisões dentro da "pirâmide organizacional"

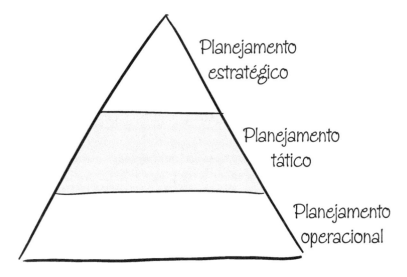

O planejamento operacional, por sua vez, pode ser considerado como a formalização das metodologias de desenvolvimento e implantação estabelecidas. Nesse nível se encontram, basicamente, os planos de ação ou planos operacionais.

Como o planejamento estratégico trata toda a empresa como um todo, perante seu ambiente, deve ser analisado quando se pretende estudar as estratégias traçadas, pois tem como objetivo a geração de vantagens competitivas para a empresa.

Segundo Oliveira (1993, p. 35-48):

> O planejamento estratégico pode ser definido como um processo gerencial que possibilita o executivo estabelecer o rumo a ser seguido pela empresa, visando obter um nível de otimização na relação da empresa com seu ambiente.

O planejamento estratégico é um processo de formulação de estratégias organizacionais no qual se busca a inserção da organização e de sua missão no ambiente em que ela atua.

O processo de planejamento estratégico é constituído pelos seguintes elementos:

- *declaração de missão*: a missão é o elemento que traduz as responsabilidades e pretensões da organização junto ao ambiente e define o negócio, delimitando o seu ambiente de atuação. A missão da organização representa sua razão de ser, o seu papel na sociedade. Ela é, claramente, uma definição que antecede o diagnóstico estratégico;
- *visão de negócios*: mostra uma imagem da organização no momento da realização de seus propósitos no futuro. Trata-se não de predizer o futuro, mas de assegurá-lo no presente. A visão de negócios cria um "estado de tensão" positivo entre o mundo como ele é e como gostaríamos que fosse (sonho). A visão de negócios associada a uma declaração de missão compõe a intenção estratégica da organização;
- *diagnóstico estratégico externo*: procura antecipar oportunidades e ameaças para a concretização da visão, da missão e dos objetivos empresariais. Corresponde à análise de diferentes dimensões do ambiente que influenciam as organizações. Estuda também as dimensões setoriais e competitivas;

- *diagnóstico estratégico interno*: corresponde ao diagnóstico da situação da organização diante das dinâmicas ambientais, relacionando-a às suas forças e fraquezas e criando as condições para a formulação de estratégias que representam o melhor ajustamento da organização no ambiente em que atua. O alinhamento dos diagnósticos externos e internos produz as premissas que alicerçam a construção de cenários;
- *fatores-chave de sucesso*: esse recurso metodológico é uma etapa do processo inserida entre o diagnóstico e a formulação das estratégias. Ele procura evidenciar questões realmente críticas para a organização, emergindo dos problemas apontados na análise realizada com a aplicação do modelo SWOT[15], de cuja solução dependerá a consecução da missão. Os determinantes de sucesso também são denominados fatores críticos de sucesso e encaminham as políticas de negócios;
- *sistemas de planejamento estratégico*: o propósito dos sistemas de planejamento estratégico é a formulação de estratégias e implementação pelo processo de construção das ações, segundo as quais a organização perseguirá a consecução de sua visão de negócios, sua missão e seus objetivos e de sua implementação por meio de planos operacionais;
- *definição dos objetivos*: a organização persegue simultaneamente diferentes objetivos em uma hierarquia de importância, de prioridades ou de urgência;
- *análise dos públicos de interesse (stakeholders):* quando foi definida a estratégia, já foi observado que só se tem sucesso na estratégia

---

[15] Criada por Kenneth Andrews e Roland Christensen, dois professores da Harvard Business School, e posteriormente aplicada por numerosos acadêmicos, a *SWOT Analysis* estuda a competitividade de uma organização segundo quatro variáveis: *strengths* (forças), *weaknesses* (fraquezas), *opportunities* (oportunidades) e *threats* (ameaças). Por meio dessa metodologia será possível fazer a inventariação das forças e fraquezas da empresa; das oportunidades e ameaças do meio envolvente; e do grau de adequação entre elas. Quando os pontos fortes de uma organização estão de acordo com os fatores críticos de sucesso para satisfazer as oportunidades de mercado, a empresa será certamente competitiva a longo prazo.

elaborada quando se atende as necessidades dos públicos de interesse. O *stakeholder* é uma pessoa, um grupo de pessoas ou uma organização que pode influenciar ou ser influenciado pela organização, como consumidores, usuários, empregados, proprietários, dirigentes, governo, instituições financeiras, opinião pública ou acionistas. A análise consiste na identificação dos grupos e de seus interesses e poderes de influência no que diz respeito à missão da organização;

- *formalização do plano*: um plano estratégico é um plano para a ação, mas não basta somente a formulação das estratégias dessa ação. É necessário implementá-las por meio de programas e projetos específicos. Requer um grande esforço de pessoal e emprego de modelos analíticos para a avaliação, a alocação e o controle de recursos. Esse elemento metodológico exige uma abrangência completa de todas as áreas de tomada de decisão da organização; uma racionalidade formal no processo de tomada de decisão e um firme controle sobre o trabalho;
- *auditoria de desempenho e resultados (reavaliação estratégica):* trata-se de rever o que foi implementado para decidir os novos rumos do processo, mantendo as estratégias implantadas com sucesso e revendo as más estratégias. A reavaliação das estratégias aparece como resultado de um processo de medição de diversos grupos de influências associados a cada estratégia.

Ou seja, nota-se que com o planejamento estratégico é que a organização é capaz de saber qual sua missão, sua visão de futuro e conhecer o ambiente interno e externo no qual está inserida. Sem um planejamento estratégico bem definido, a empresa fica sem rumo e consequentemente não consegue obter vantagens competitivas que a façam ter sucesso perante seus concorrentes. (CHIAVENATO, 2003, p. 39-41)

De acordo com Chiavenato (2003, p. 256) o sucesso no alcance dos objetivos organizacionais almejados será função da implementação de boas estratégias que possibilitem ao planejador deslocar, realocar, ajustar e reconciliar de modo sistemático os recursos organizacionais disponíveis, aproveitando as oportunidades emergentes no ambiente e neutralizando as ameaças. As estratégias sustentam a capacidade da organização de se adaptarem em meio a cenários cada vez mais complexos e dinâmicos.

Como citado anteriormente, esses cenários cada vez mais complexos e dinâmicos tornam-se mais frequentes em todos os segmentos de mercado. Praticamente não existe mais empresa que não possua concorrentes (diretos ou indiretos), que tenha produtos exclusivos, ou que possua produtos eternos, quer dizer, que não precisem ser constantemente revalidados e readequados ao mercado. Tudo está em mutação e passando por processos de melhoria e por isso as empresas também devem se conscientizar de que devem sempre estar atentas ao seu mercado visando a melhoria dos seus produtos/ serviços ou mesmo a sua adequação a novos mercados. Para tanto devem possuir informações que lhes deem subsídios suficientes para que decisões corretas e rápidas possam ser tomadas.

Assim, marketing estratégico e planejamento estratégico devem ser partes integrantes do pensamento empresarial moderno. No entanto a cultura de planejamento, por incrível que possa parecer, ainda não está totalmente difundida no Brasil, ao contrário de outros países, nos quais o planejamento é o passaporte e o pré-requisito básico para a abertura e gerenciamento do dia a dia de qualquer negócio, independentemente de seu tipo ou porte.

Referências do Capítulo

ANDREWS, K. R. The concept of corporate strategy. In: MINTZBERG, H.;
QUINN, J. B. *The strategy process, concepts, contexts, cases.* 2. ed. New Jersey, Prentice-Hall, 1991, p. 44.
BETHLEM, A. S. *Estratégia Empresarial: Conceitos, processos e administração estratégica.* São Paulo, Atlas, 1998.
CAMPOMAR, Marcos Cortez. *O planejamento de marketing e a confecção de planos:* dos conceitos a um novo modelo. São Paulo, Saraiva, 2006.

COBRA, M. *Marketing de serviços: conceitos e estratégias.* São Paulo, McGraw--Hill, 1986.
CHIAVENATO, I. *Planejamento Estratégico: fundamentos e aplicações.* Rio de Janeiro, Elsevier, 2003.
CHIAVENATO, I. *Administração nos novos tempos.* 2. ed. Ed. Dinalivro, 2002.
CHIAVENATO, I. *Introdução à Teoria Geral da Administração.* Rio de Janeiro, Ed. Campus, 1998.
CHURCHILL Jr., G. A.; PETER, J. P. *Marketing: criando valor para os clientes.* São Paulo, Saraiva, 2000.
CROCCO, L. et. al.; GIOIA, R. M. (Coord.). *Marketing aplicado: o planejamento de marketing.* São Paulo, Saraiva, 2006.
DRUCKER, P. F. *Inovação e espírito empreendedor.* São Paulo, Pioneira Thomson, 2003.
KOTLER, P. *Administração de marketing.* São Paulo, Prentice Hall, 2000.
LAS CASAS, A. L. *Planos de marketing para micro e pequena empresa.* São Paulo, Atlas, 1999.
FERRAZ, J. C. et. al. *Made in Brazil: desafios competitivos para a indústria.* Rio de Janeiro, Campus, 1995.
LEVITT, T. *A imaginação de marketing.* 2. ed. São Paulo, Atlas, 1990.
LEWIS, B. R. L.; LITTLER, D. (org.). *Dicionário enciclopédico de marketing.* São Paulo, Atlas, 2001.
LOPES FILHO, L. S. *Marketing de Vantagem competitiva.* São Paulo, Saraiva, 2006.
MACDONALD, M. *Plano de marketing: planejamento e gestão estratégica: como criar e implementar.* Rio de Janeiro, Elsevier, 2004.
MINTZBERG, H. Five Ps for strategy. In: MINTZBERG, H.; QUINN, J. B. *The strategy process, concepts, contexts, cases.* 2. ed. New Jersey, Prentice-Hall, 1991. p. 12.
MINTZBERG, H; AHLSTRAND, B.; LAMPEL, J. *Safári de estratégia: um roteiro pela selva do planejamento estratégico.* Porto Alegre, Bookman, 2000.
OLIVEIRA, D. P. R. *Planejamento estratégico: conceitos, metodologia e práticas.* 12. ed. São Paulo, Atlas, 1998.
_____. de. *Planejamento Estratégico: conceito, metodologias e práticas.* São Paulo, Atlas, 1993.
OLIVEIRA, M. A. *Cultura Organizacional.* São Paulo, Nobel, 1997.
PORTER, M. *Vantagem Competitiva: Criando e sustentando um desempenho superior.* Rio de Janeiro, Campus, 1990.
PORTER, M. E. *Estratégia Competitiva: Técnicas para análise de indústrias e da concorrência.* Rio de Janeiro, Campus, 1986.

Capítulo 2
Análise do Ambiente Externo e Interno

COMO DESENVOLVIDO DURANTE O CAPÍTULO ANTERIOR, o planejamento é uma ferramenta fundamental para o desenvolvimento de estratégias de marketing sustentáveis a longo prazo, pois permite antecipar e articular todas as decisões relativas à gestão de uma determinada marca, produto ou serviço, diminuindo assim os eventuais erros ou desvios no que tange a execução. Entretanto, muitas empresas ainda optam por reagir em vez de se antecipar ao mercado, tomando decisões segundo uma ótica de curto prazo que invariavelmente prejudica a imagem e a eficácia das suas marcas. A formalização do processo de planejamento (Figura 2.1) — que se traduz na criação do plano estratégico — tem como principal vantagem a busca de uma gestão focada no mercado a fim de antecipar as principais tendências, além da responsabilização de toda a empresa perante o cumprimento de objetivos claros e precisos.

A distinção encontrada na bibliografia de marketing entre planejamento corporativo, planejamento estratégico e planejamento de marketing tornou-se nebulosa: frequentemente, todos são considerados. Entretanto, é razoável assumir que o planejamento corporativo envolve todas as diferentes atividades da organização, enquanto o planejamento de marketing deve ser considerado como o foco nos meios pelos quais marketing pode exercer sua parte na

Figura 2.1

Primeira etapa no processo de planejamento

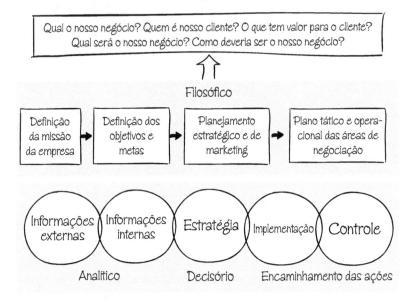

facilitação do cumprimento dos objetivos, neste sentido (estratégico), o planejamento de marketing é operacional. (LEWIS; LITTLER, 2001, p. 234)

A declaração de missão[16] da empresa é o primeiro passo para o desenvolvimento do planejamento e deve refletir a sua razão de ser, seu propósito e o que a empresa faz. Geralmente a declaração da missão é curta, com no máximo duas sentenças ou um pequeno parágrafo. Para que a declaração de missão da empresa seja efetiva, ela deve:

1. destacar as atividades da empresa, incluindo os mercados que ela atinge, as áreas geográficas em que atua e os produtos e serviços oferecidos;

---

[16] Conceito de missão nas empresas é a definição dada para apresentar a finalidade da sua empresa ao mercado, aos funcionários, aos acionistas e aos parceiros de negócio.

2. enfatizar as atividades que a empresa desempenha e que a diferenciam de todas as outras empresas do mercado (diferenciais competitivos);
3. incluir as principais conquistas que a empresa prevê para os próximos anos;
4. transmitir o que a empresa quer dizer de forma clara, concisa e interessante.

Antes de partir para a difícil, mas importante, tarefa de declaração da missão de sua empresa, deve-se responder às seguintes perguntas:

1. Que clientes ou grupo de clientes a empresa atende ou pretende atender?
2. Que produtos ou serviços a empresa oferece ou pretende oferecer?
3. Que necessidades de mercado a empresa atende? Qual é o mercado em que sua empresa compete?
4. Qual é o diferencial tecnológico dos produtos e serviços da empresa em relação à concorrência?
5. Que valor ou benefícios adicionais os clientes obtêm quando escolhem a empresa em lugar da concorrência?
6. Qual é o comprometimento da empresa em relação aos objetivos econômicos de sobrevivência, de crescimento e de lucratividade?
7. Qual é a imagem que a empresa tem ou pretende ter perante seus clientes e a comunidade em geral?
8. Qual é a atitude da empresa em relação aos colaboradores?
9. Com que velocidade as respostas às questões anteriores mudam?

Depois de identificada a missão da empresa, o próximo passo é a análise das variáveis externas e internas. Nesta etapa, o planejamento permite avaliar as tendências de evolução do mercado e a posição atual e potencial da marca, do produto ou serviço dentro desse contexto. O diagnóstico deve ser feito em três níveis: mercado, concorrente e empresa (análise interna).

2.1 Análise do Mercado

A análise do mercado, além de ser o primeiro passo do planejamento, resume todas as informações pertinentes à empresa. O objetivo dessa etapa é analisar como funciona o mercado e quais os cenários e tendências mais prováveis de desenvolvimento, como na Figura 2.2. Para isto, é necessário analisar os seguintes aspectos:

1. *Macroambiente*: inclui os elementos externos à atividade da empresa, em âmbito macroeconômico, tecnológico, político-legal, sociocultural e tecnológico.
2. *Microambiente* ou ambiente competitivo: é constituído por todos os agentes que interagem diretamente com a empresa, ou seja: clientes, fornecedores, concorrentes e comunidade em que a empresa se insere.

Figura 2.2

Análise do ambiente externo dentro do processo de planejamento

O ambiente externo que envolve e influencia essa etapa de análise de maneira positiva ou negativa é composto pelos concorrentes, consumidores, fatores políticos, econômicos, sociais, culturais, legais e tecnológicos. Quando analisamos esses fatores, examinamos as ameaças e as oportunidades do negócio. A análise de ambiente deve incluir todos os fatores relevantes que podem exercer pressão direta ou indireta sobre o seu negócio, tais como:

- *fatores econômicos*: aspectos econômicos como inflação, distribuição de renda e taxas de juros influenciam na abertura do seu negócio e sua sobrevivência;
- *fatores socioculturais*: estão relacionados às características gerais da população, como tamanho, concentração, grau de escolaridade, sexo, profissão, estado civil, composição familiar, distribuição geográfica, comportamento e necessidades dos consumidores e da comunidade na qual o seu negócio está inserido;
- *fatores políticos-legais*: dizem respeito à observância das leis, inclusive as que regem o setor em que atua, como impostos, Código de Defesa do Consumidor, Código Civil, entre outros;
- *fatores tecnológicos*: é preciso adaptar-se às novas tecnologias, pois elas podem afetar o seu negócio.

É a partir da análise externa que a empresa começa a definir suas estratégias com o objetivo de aproveitar as oportunidades ou se prevenir em relação às ameaças, minimizando possíveis impactos negativos provenientes das mudanças ambientais.

2.2 Análise da Concorrência

Ganhar um conhecimento profundo das ações da concorrência é obviamente indispensável para qualquer empresa, sendo útil na previsão de alguns aspectos do seu comportamento futuro.

A análise da concorrência deverá centrar-se sobre os seguintes pontos:

- *identificação dos principais concorrentes*: análise do mercado e os seus concorrentes diretos e indiretos, que têm como alvos os mesmos segmentos de mercado da sua empresa. Concorrentes diretos são aquelas empresas que produzem e comercializam produtos semelhantes. Já os concorrentes indiretos são as empresas que, apesar de não terem os mesmos produtos e serviços, atendem a mesma necessidade;
- *quotas de mercados atuais e respectiva evolução*: trata-se de definir a porcentagem de mercado que a sua empresa controla. Uma quota de mercado pode ser definida em quantidade, por meio da divisão do número total de unidades que a sua empresa vendeu pelo total de unidades vendidas na indústria em que a sua empresa atua; ou em valor, por meio da divisão do valor total de vendas da sua empresa pelo montante total de vendas da indústria;
- *notoriedade de cada uma das marcas concorrentes*: o ideal é fazer um estudo de mercado para verificar até que ponto cada uma das marcas no mercado é reconhecida pelos consumidores;
- *posicionamento estratégico da empresa e da concorrência*: em geral uma empresa opta por quatro tipos de posicionamento que dependem da dimensão das necessidades satisfeitas dos consumidores e da análise da dimensão temporal da empresa:
    - Penetração: consiste na conquista de quota de mercado em relação à concorrência, num mercado cuja dimensão é limitada e as necessidades satisfeitas são restritas e específicas;
    - Diversificação: trata-se de alargar os negócios da empresa a novas categorias de produtos e serviços que satisfaçam as mesmas necessidades dos clientes (produtos substitutos) e de criar extensões das marcas atuais da empresa. É um tipo de posicionamento frequente nos mercados amplos;

- Especialização: é o posicionamento típico das empresas cujo mercado futuro em que atuam é limitado. Centram-se nos produtos que vendem e tentam melhorá-los, bem como os canais e as formas de distribuição;
- Expansão: sempre que uma empresa prevê que o mercado no qual atua ainda tem fortes probabilidades de crescimento futuro, ela pode optar pela diversificação dos produtos existentes e pela expansão para novos mercados com novos produtos.

• *Política do Composto (ou Mix) de marketing*: consiste em identificar as políticas praticadas pelos concorrentes em relação aos designados quatro Ps do marketing: produto (*product*), comunicação (*promotion*), distribuição (*placement*) e preço (*price*).

2.2.1 O *Benchmarking* Competitivo

Uma das maneiras de avaliar a competitividade e o desempenho de determinada empresa é compará-la a outras empresas concorrentes ou competidoras indiretas.

> As medições de uma organização, uma vez confrontadas com produtos ou serviços das concorrentes, competidoras ou empresas líderes em outros setores, podem revelar quem possui as melhores práticas de mercado e estimular a empresa a buscar superar essas melhores práticas administrativas e organizacionais, colocando-se na vanguarda competitiva. (LOPES FILHO, 2006, p. 132)

A técnica de superação que se baseia nas melhores práticas de mercado e conduz ao desempenho superior da organização, denomina-se *Benchmarking*.

Por ser um processo contínuo de comparação dos produtos, serviços e práticas empresariais entre os mais fortes concorrentes ou empresas reconhecidas como líderes, o *benchmarking* permite realizar comparações de processos e práticas "companhia a companhia" para identificar o melhor do melhor e alcançar um nível de superioridade ou vantagem competitiva.

O *benchmarking*, que surgiu como uma necessidade de informações e desejo de aprender depressa a corrigir um problema empresarial, sustenta-se nos seguintes princípios:

- *reciprocidade*: o *benchmarking* baseia-se em relações recíprocas. Quando solicitamos informações a uma empresa, comprometemo-nos automaticamente a facultar as nossas informações. É como uma rua de dois sentidos na qual todos os intervenientes se beneficiam da partilha de informação. No entanto, esse processo deve ser precedido de uma negociação sobre os limites e as especificidades da troca de informações;
- *analogia*: para produzir resultados eficazes, torna-se necessário manter uma analogia com os métodos da nossa empresa. Ou seja, às equipes de *benchmarking* é exigido que saibam adaptar os processos da organização estudada (que utiliza processos distintos) à respectiva organização que faz o *benchmarking*;
- *medição*: os sistemas de medição, assim como as ferramentas utilizadas na análise, dependem dos indicadores selecionados pelas empresas que partilham o estudo. Deve-se ter sempre em conta que o *benchmarking* é uma comparação de desempenho entre empresas;
- *validação*: as equipes de *benchmarking* devem validar os seus estudos por métodos estatísticos, sob pena de colocarem em causa as conclusões dos dados recolhidos. A mera intuição ou as suposições não constituem métodos fiáveis de análise.

Como tratado anteriormente, a competitividade mundial aumentou acentuadamente nas últimas décadas, obrigando as empresas a um contínuo aprimoramento de seus processos, produtos e serviços, visando oferecer alta qualidade com baixo custo e assumir uma posição de liderança no mercado no qual atua. Na maioria das vezes, o aprimoramento exigido, sobretudo pelos clientes dos processos, dos produtos e dos serviços, ultrapassa a capacidade das pessoas envolvidas, por estarem elas presas aos seus próprios paradigmas.

Na aplicação do *benchmarking*, bem como em todo o processo, é preciso respeitar e seguir algumas regras e procedimentos para que os objetivos sejam alcançados e exista uma constante melhoria do mesmo. Nesse processo, existe um controle constante desde sua implantação (plano) até a sua implementação (ação).

A empresa interessada em implantar *benchmarking* deve analisar os seguintes fatores: ramo, objetivo, amplitude, diferenças organizacionais e custos, antes da definição ou aplicação do melhor método, pois cada empresa individualmente tem as suas necessidades que devem ser avaliadas antecipadamente à aplicação do processo.

O *benchmarking* pode ser classificado em três tipos:

- *interno*: trata-se do tipo de *benchmarking* mais utilizado. Consiste em comparar as operações da empresa com as de um departamento interno da própria empresa ou de outras empresas do mesmo grupo. O objetivo é identificar internamente o modelo a seguir. É de fácil implementação, uma vez que as informações se encontram acessíveis e, por isso, fáceis de recolher. Apresenta como grande desvantagem as limitações decorrentes de um processo de âmbito meramente interno;
- *competitivo*: tem como alvo a concorrência direta, ou seja, a que desenvolve a sua atividade dirigida ao mesmo target (público--alvo da empresa). Prevê a comparação dos produtos e serviços, assim como dos métodos de trabalho da empresa. Tem como fim superar o desempenho da concorrência, identificando os problemas com que ela se debate. Trata-se de um tipo de *benchmarking* difícil de pôr em prática, uma vez que se torna praticamente impossível que as empresas facilitem à concorrência dados das respectivas atividades. Por isso, as informações são difíceis de serem recolhidas e, por vezes, torna-se necessário contratar uma empresa de consultoria externa para conseguir obter os dados pretendidos;

- *genérico*: consiste na comparação entre empresas de diferentes segmentos ou setores (reconhecidas como tendo as melhores práticas em produtos, serviços ou métodos) com o objetivo de identificar e determinar as melhores práticas para determinada área. Permite detectar a inovação mais original e transpô-la para a empresa. É no *benchmarking* genérico que se encontra a maior parte de exemplos práticos. No entanto, como se trata de empresas segmentos ou setores diferentes, encontra-se, sim, maior abertura para a troca de informação.

Outra vantagem do *benchmarking* é a mudança da maneira de pensamento de uma empresa sobre a necessidade para melhoria, fornece um senso de urgência para tal, indicando níveis de desempenho atingidos previamente num processo de parceiro do estudo. Um senso de competitividade surge à medida que uma equipe reconhece oportunidades de melhorias além de suas observações diretas, e os membros da equipe tornam-se motivados a se empenhar por excelência, inovação e aplicação de pensamento inovador a fim de conseguir sua própria melhoria de processo.

É necessário que as empresas que buscam o *benchmarking* como uma ferramenta de melhoria assumam uma postura de "organização que deseja aprender com os outros" para que possam justificar o esforço investido no processo, pois essa busca das melhores práticas é um trabalho intensivo, consumidor de tempo e que requer disciplina. Portanto *benchmarking* é uma escola na qual se aprende a aprender.

Saber fazer e adaptar *benchmarking* no processo da organização pode nos permitir vislumbrar oportunidades e também ameaças competitivas, constituindo um atalho seguro para a excelência, com a utilização de todo um trabalho intelectual acumulado por outras organizações evitando os erros e armadilhas do caminho.

O *benchmarking* é baseado em quatro etapas:

- *planejamento*: pode ser resumido em duas questões fundamentais:
  - *o que deve ser objeto de* benchmarking? Para identificar o objeto de *benchmarking* torna-se necessário, em primeiro

lugar, definir rigorosamente a missão que a empresa se propõe a desenvolver;
- *quem devemos analisar?* A seleção dos alvos obriga a uma vigilância relativa às informações recolhidas. Como estas deverão ser comparáveis, será imperioso prever os necessários ajustamentos;
• *captura de dados*: consiste em analisar os seguintes tipos de informação:
  - informação do domínio público, publicada na imprensa genérica ou em revistas especializadas;
  - informação resultante do contato direto com as empresas mediante questionários, entrevistas ou visitas;
• *análise dos dados*: deve ser efetuada tendo em conta dois aspectos:
  - a determinação das diferenças de desempenho;
  - a identificação dos responsáveis pelos bons resultados das melhores empresas;
• *adaptação e melhoria*: determinação da ação para melhorar o desempenho da empresa de acordo com as conclusões do estudo.

Enfim, o *benchmarking* é um conceito que está alterando consideravelmente o enfoque da administração, uma vez que é composto de atributos que determinarão o sucesso ou ainda a sobrevivência das empresas.

2.3 Análise da Empresa (Análise Interna)

A seguir faz-se uma análise das condições internas da empresa para permitir uma avaliação dos principais pontos fortes e fracos que a organização possui. Os pontos fortes constituem as forças propulsoras da organização, que facilitam o alcance dos objetivos organizacionais e portanto devem ser reforçados. Os pontos fracos, por sua vez, constituem as limitações e forças restritivas que dificultam ou impedem o alcance dos objetivos, devendo ser superados. Na Figura 2.3 há um exemplo dessa análise.

Figura 2.3

Análise das forças e fraquezas da empresa em relação ao ambiente externo

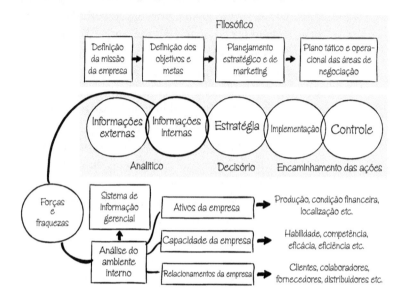

Um ponto forte é algo que a empresa faz bem ou uma característica que lhe proporciona uma capacidade importante, pode ser uma habilidade, uma perícia importante, um recurso organizacional ou capacidade competitiva valiosa ou um empreendimento que coloca a empresa numa posição de vantagem no mercado (tal como ter um produto melhor, nome mais forte, tecnologia superior, serviço ao cliente). Além disso, pode resultar também de alianças ou de investimentos com parceiros detentores de habilidades ou perícia que melhorem a competitividade da empresa.

Portanto, os pontos fortes se referem aos aspectos e/ou fatores positivos (internos) da empresa, atuando como facilitadores de sua capacidade para atender às suas finalidades. Tais fatores geralmente põem nossa empresa em uma situação privilegiada quando comparada com a concorrência, uma vez que podem ser utilizados como fonte de diferenciação e de vantagem competitiva.

Um ponto fraco é algo que a empresa não tem ou não faz muito bem (em comparação às outras) ou uma condição que coloca a empresa em desvantagem. Um ponto fraco não torna, necessariamente, uma empresa vulnerável competitivamente; isso depende do quanto ele influencia o mercado.

Figura 2.4

Pontos fortes e fracos da empresa em relação ao mercado (CALDAS; LIMA, 2006).

Pontos fortes e pontos fracos

Os pontos fortes e os pontos fracos são intrínsecos à sua empresa, ou seja, estão dentro dela e você pode agir sobre eles diretamente. É de extrema importância que a empresa conheça os seus pontos fortes (o que a sua empresa faz bem) e os seus pontos fracos (o que a sua empresa precisa e deve melhorar). Exemplos de pontos fortes e fracos que uma empresa pode ter: o atendimento ao cliente; o processo produtivo; os preços. Como pontos fracos sua empresa pode ter: péssimo atendimento ao cliente; altos custos; preços exorbitantes.

Dessa forma, os pontos fracos, referem-se aos aspectos e/ou fatores negativos que atuam como inibidores da capacidade para atender às finalidades da empresa. Neste caso a empresa encontra-se em uma situação desfavorável quando comparada com a concorrência.

A análise interna envolve:

1. análise dos recursos (recursos financeiros, máquinas, equipamentos, matérias-primas, recursos humanos, tecnologia, etc.) de que a empresa dispõe para as suas operações atuais ou futuras;

2. análise da estrutura organizacional da empresa, seus aspectos positivos e negativos, divisão de trabalho entre departamentos e unidades e como os objetivos organizacionais foram distribuídos em objetivos departamentais;
3. avaliação do desempenho da empresa, em termos de lucratividade, produção, produtividade, inovação, crescimento e desenvolvimento dos negócios;

O Quadro 2.1 apresenta alguns indicadores potenciais que devem ser observados para se avaliar os pontos fortes e fracos da empresa.

Quadro 2.1

Indicadores potenciais de pontos fortes e pontos fracos

Indicadores potenciais de pontos fortes	Indicadores potenciais de pontos fracos
• Competência básica em área-chave • Recursos financeiros adequados • Boa imagem perante os compradores • Líder de mercado reconhecida • Acesso às economias de escala • Isolada (pelo menos um pouco) contra fortes pressões competitivas • Tecnologia patenteada • Vantagens de custo • Melhores campanhas de propaganda • Habilidade gerencial comprovada • Vanguarda na curva de experiência • Melhor capacidade de fabricação • Habilidades tecnológicas superiores • Outros?	• Falta de rumo estratégico claro • Instalações obsoletas • Lucratividade abaixo da média • Falta de profundidade e talento gerenciais • Ausência de algumas habilidades-chave e de competência • Pouca experiência na implementação de estratégias • Existência de problemas operacionais internos • Atraso em termos de planejamento e desenvolvimento • Linha de produtos muito estreita • Rede de distribuição fraca • Habilidades de comercialização abaixo da média • Incapacidade de financiamento das mudanças necessárias na estratégia • Custos unitários gerais altos em relação aos concorrentes • Outros?

2.4 O Momento da Decisão Estratégica

É fundamental para a empresa encontrar métodos para analisar o mercado e ajudar na decisão da melhor estratégia mercadológica a ser adotada.

Os modelos de análise mais utilizados nos processos de planejamento são os seguintes: análise SWOT (ameaças e oportunidades, fraquezas e forças) e Matriz BCG. Para se ter uma ideia do conteúdo desses modelos de análise para o desenvolvimento do processo de planejamento empresarial, discute-se os conteúdos mais importantes de cada um dos modelos apresentados.

2.4.1 Análise SWOT

Análise SWOT é uma ferramenta de gestão muito utilizada por empresas como parte do planejamento estratégico dos negócios. O termo SWOT vem do inglês e representa as iniciais das palavras *Strenghts* (forças), *Weaknesses* (fraquezas), *Opportunities* (oportunidades) e *Threats* (ameaças).

Os fundamentos da análise SWOT remontam aos anos 1950 e preocupam-se com a integração das atividades da empresa, tentando responder à questão "em que negócios nós estamos?" (CAMPOMAR, 2006, p. 95-103).

O objetivo dessa análise é relacionar os pontos fortes e fracos internos da empresa com as oportunidades e ameaças externas do mercado e da concorrência.

Peter Drucker foi o primeiro autor a levantar essa problemática. Para ele, a estratégia empresarial não era mais do que a resposta à dupla questão:

"Qual o nosso negócio?"

"Qual poderia ser o nosso negócio?"

As perguntas formuladas por Drucker confirmam uma das características imanentes à disciplina de estratégia, isto é, a futuridade das decisões e a necessidade de se ter um propósito.

A análise é dividida em duas partes: o ambiente externo à organização (oportunidades e ameaças) e o ambiente interno à organização (pontos fortes e pontos fracos). Esta divisão é necessária porque a organização tem de agir de formas diferentes em diferentes casos.

O ambiente interno pode ser controlado pelos dirigentes da organização, já que é o resultado de estratégias de atuação definidas por nós mesmos. Dessa forma, quando percebemos um ponto forte em nossa análise, devemos ressaltá-lo ainda mais; quando percebemos um ponto fraco, devemos agir para controlá-lo ou, pelo menos, minimizar seu efeito.

Já o ambiente externo está totalmente fora do controle da organização. Isso não significa que não seja útil conhecê-lo. Apesar de não podermos controlá-lo, podemos monitorá-lo e procurar aproveitar as oportunidades da maneira mais ágil e eficiente, a fim de evitar as ameaças enquanto for possível.

A análise SWOT deve ser realizada de maneira formal uma vez por ano, mas as informações mais importantes devem ser monitoradas constantemente.

Depois de ter realizado uma análise SWOT a organização pode:

- estabelecer metas de melhoria dos itens que tenham sido considerados prioritários e de baixo desempenho;
- estabelecer metas relacionadas à forma de atuação no que diz respeito ao aproveitamento de oportunidades;
- estabelecer quais ações serão importantes para evitar os efeitos de eventuais ameaças.

Essas metas serão a base do planejamento anual de atividades da organização.

A análise SWOT é, portanto, um instrumento de fácil aplicação e pode ser de grande utilidade no planejamento das organizações sociais, assim como tem sido no planejamento de muitas organizações privadas.

2.4.2 A Matriz BCG

Desenvolvida em 1967 pelo Boston Consulting Group (BCG), é uma técnica matricial para avaliar o portfólio de negócios mediante uma visualização bidimensional que compara a posição estratégica de cada negócio de uma empresa diversificada. É uma matriz formada que usa como eixos a taxa de crescimento do mercado e a participação relativa de mercado. Essa técnica, exibida na Figura 2.5, apresenta algumas limitações:

Figura 2.5

Matriz BCG

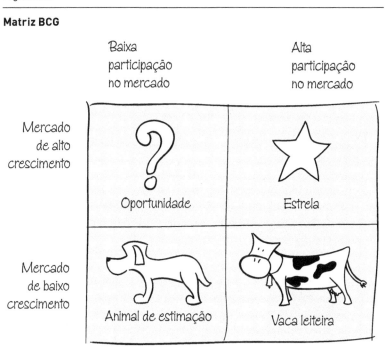

Para os conceitos de portfólio de negócios será necessário construir uma matriz cujo eixo horizontal é representado pela variável quota de mercado relativa (alta à esquerda e baixa à direita) e no eixo vertical está a taxa de crescimento do mercado (elevada em cima e reduzida em baixo).

- *Crescimento de mercado*: o produto ou grupo de produtos da mesma linha faz parte de um mercado em rápida expansão ou fica em algum lugar entre a área de crescimento lento e a área de crescimento zero? Utiliza-se o crescimento de mercado para definir a carteira porque o crescimento força-nos a pensar no grau de atratividade a longo prazo. O ponto que separa os mercados de alto crescimento dos de baixo crescimento é bastante arbitrário. Um ponto de partida aceitável pode ser uma média de crescimento anual de 10%;
- *participação de mercado relativa*: seu produto ou grupo de produtos da mesma linha desfruta de vantagem na participação de mercado em relação aos concorrentes mais próximos ou sua participação de mercado relativa é inferior à da concorrência? Procure dividir seus produtos entre aqueles que possuem grande participação de mercado daqueles que não possuem.

Dependendo da situação em relação aos dois fatores anteriores, seus produtos podem ser:

- *dúvida:* nesse caso trata-se de produtos com baixa participação em um mercado em alto crescimento. Muitas vezes estão relacionados a negócios nascentes que ainda não têm os caminhos a seguir bem definidos, sem muita experiência de mercado. Como se encontram em mercados em expansão, a manutenção da atual participação de mercado demanda altos investimentos, mas suas vendas relativamente baixas tendem a gerar pouca ou nenhuma receita. Se você conseguir aumentar significativamente a participação de mercado ao longo do tempo, o que implica em investir mais, os produtos dúvida podem se tornar estrelas;
- *estrela*: os produtos estrela são aqueles que possuem alta participação em mercados em crescimento. São os produtos ideais, que toda empresa gostaria de vender. Normalmente demandam grandes investimentos para financiar a expansão contínua de mercado

e eliminar concorrentes em potencial. A grande vantagem é que sua grande participação de mercado reverte em geração de receitas para a empresa, com altas margens e lucro. Geralmente são autossustentáveis, pois geram e consomem grande volume de dinheiro. Deve ser sempre uma prioridade e não deve haver dúvidas em se fazer investimentos em produtos estrelas;
- *vaca leiteira*: são produtos que possuem uma importante participação de mercado em mercados de baixo crescimento. Devido às suas vantagens de participação de mercado, geralmente geram muito dinheiro e o melhor de tudo é que não demandam muito investimento. Seus mercados de baixo crescimento geralmente são mais maduros e os produtos já são bem estabelecidos. É possível, portanto, estimular os produtos vaca leiteira a gerar mais caixa e depois reinvesti-lo para financiar produtos promissores em outros quadrantes;
- *abacaxi*: são produtos com pouca participação em mercados em baixo crescimento. As receitas e os lucros são muito pequenos e os produtos consomem muito dinheiro. Embora exijam investimentos periódicos, estes negócios marginais normalmente nunca geram muito, por isso talvez devam ser descartados.

Independente de qual modelo seja adotado pela empresa, é importante conhecer suas limitações para que o mesmo conduza aos melhores resultados. Também fornece base para a escolha do modelo em função da realidade e da necessidade organizacional.

O processo de formulação de uma estratégia deve consumir por parte dos gestores mais tempo do que o processo de elaboração dos planos de ação, uma vez que estes se situam no estágio operacional. Não se pode determinar a existência de um planejamento sem se definir exatamente os objetivos e a missão da empresa. É fundamental que a empresa estabeleça claramente seu posicionamento de mercado e o segmento-alvo de suas ações.

A formulação da estratégia, portanto, deve levar em conta o processo para diferenciação do concorrente, criando vantagem competitiva no mercado no qual atua ou tem intenção de atuar.

> **Três pilares da competitividade**
>
> O sucesso da empresa está diretamente ligado a três pontos fundamentais (por ordem de importância): pessoas, estratégia e tecnologia. O patrimônio pessoal deve ser visto como sendo o principal ativo de uma organização, sendo responsável pelo aumento da qualidade de seus produtos e serviços, responsável no mercado pela sua competitividade.
>
> As organizações de alta performance, além de manterem pessoas com alta taxa de empregabilidade, também visam construir e manter equipes sinérgicas e competentes.
>
> Dentre as características que definem uma equipe de alta performance podemos citar: liderança, alinhamento de propósitos, comunicação afetiva, uma visão comum do futuro, foco no cliente, talentos criativos, rapidez de respostas, responsabilidades compartilhadas, senso de justiça, ética, etc.
>
> Vale lembrar ainda que cada gestor de uma empresa (independente da área na qual atue) deve ser responsável também pelos recursos humanos na medida em que ele direta e continuamente interage com sua equipe de trabalho. Sendo assim, cada gestor também é responsável pela administração do capital humano. Cada gerente da empresa, independente de sua área de atuação, deve liderar sua equipe, recrutar e treinar o seu pessoal, comunicar e orientar o curso das ações, avaliar o desempenho de cada funcionário, propor mobilizações etc. (LOUREIRO, 2006)

2.5 Definição do Objetivo, Mercado-alvo e Estratégias

Muito se confunde a respeito destes dois conceitos quando se faz um planejamento estratégico do negócio. A diferença entre meta e objetivo, no entanto, é bastante clara.

A principal diferença entre eles é que a meta indica intenções gerais da empresa e o caminho básico para chegar ao destino que você deseja. Já os objetivos são as ações específicas mensuráveis que constituem os passos para se atingir a meta.

O estabelecimento de objetivos nesta fase do planejamento é de primordial importância, na medida em que inicia o processo de definição da estratégia e determina a sua direção. É importante que os objetivos sejam definidos de forma correta, para tal, deverão ser:

- *objetivos*: evite qualquer tipo de ambiguidade na definição dos objetivos, quantifique-os e assegure-se de que as pessoas que irão contribuir para o seu cumprimento os compreendam;
- *comparação com o desempenho real de forma a possibilitar o controle futuro*: é importante que uma empresa estabeleça controles e pontos de comparação de performance para avaliar o seu desempenho. Os objetivos deverão ser claros, reais e realistas para poderem ser comparados no futuro com os resultados efetivamente alcançados;
- *expressos em valor ou em quotas de mercado*: os objetivos devem ser quantificáveis. Num plano de marketing você pode, por exemplo, estabelecer objetivos quanto ao volume de vendas a alcançar, o índice de satisfação dos clientes e à quota de mercado, entre outros;
- *ambiciosos, mas alcançáveis*: é importante ser ambicioso, desde que se seja realista. Não vale a pena definir objetivos que se sabe que não serão cumpridos; neste caso, só aumentará a insatisfação e a frustração dos seus colaboradores. Crie metas que exijam empenhamento e esforço, mas que possam ser alcançadas.

A definição do mercado-alvo significa identificar um segmento particular ou segmentos da população que você deseja servir. O mercado consiste em muitos tipos de clientes, produtos e necessidades. É preciso determinar quais segmentos oferecem as melhores oportunidades para o seu negócio.

O mercado nada mais é do que a soma de diferentes segmentos. Quanto mais se conhece o mercado e seus clientes, mais fácil será a oferta de produtos e serviços adequados a distintos segmentos. O lançamento de novos produtos ou serviços pode ser resultado da segmentação de mercado. Existem, por exemplo, diversos tipos de embalagem de sabão em pó para públicos diferentes, como solteiros, casais sem filhos, famílias. Assim como existem segmentações de acordo com as várias necessidades dos públicos: sabão em pó que lava mais branco, tira sujeira pesada, deixa as roupas mais macias, etc.

Os objetivos e metas são os resultados que a empresa espera alcançar. Eles estão relacionados à missão da empresa e orientarão as suas ações.

> **OBJETIVOS:** declarações amplas e simples do que deve ser realizado pela estratégia de marketing.
>
> **METAS:** mais específicas e essenciais para o plano.

Até aqui você definiu a missão e visão do seu negócio e definiu metas e objetivos visando atender sua missão em direção à visão declarada.

Agora é necessário definir um plano para se atingir as metas estabelecidas, ou seja, a empresa precisa de uma formulação de estratégias de implantação. Embora muitos tipos de estratégias estejam disponíveis, Porter (1990) resumiu-as em três tipos genéricos que fornecem um bom ponto de partida para o pensamento estratégico: liderança total em custos, diferenciação e foco. Vejamos cada uma delas:

- *liderança total em custos*: aqui, a empresa faz grande esforço para reduzir ao máximo seus custos de produção e distribuição,

podendo, assim, oferecer preços menores que seus concorrentes e obter maior participação de mercado;
- *diferenciação*: neste caso, a empresa concentra esforços para alcançar desempenho superior em uma determinada área de benefício para o consumidor, valorizada por grande parte do mercado. Pode-se esforçar para ser líder em serviços, em qualidade, em estilo, em tecnologia, etc., mas não é possível liderar em todas as áreas;
- *foco*: a empresa aborda um ou mais segmentos de mercado menores em vez de ir atrás de um grande mercado. Ela deve conhecer as necessidades desses segmentos e obter lideranças em custos ou encontrar uma forma de diferenciação dentro desse segmento-alvo.

Conforme Porter (1990), as empresas que adotam a mesma estratégia dirigida ao mesmo mercado ou segmento de mercado-alvo formam um grupo estratégico. Aquelas que aplicam melhor essa estratégia obtêm os maiores lucros. Essas empresas podem ainda estabelecer alianças estratégicas a fim de garantir sua fatia de mercado. Exemplos de alianças são:

- alianças de produto/serviço, nas quais uma empresa licencia outra para a produção de seu produto/serviço;
- alianças promocionais, nas quais uma empresa concorda em promover um produto/serviço de outra;
- alianças logísticas, nas quais uma empresa oferece serviços de apoio logístico ao produto de outra;
- parcerias de preço, nas quais uma ou mais empresas adotam acordos de preços.

A trajetória comportamental da empresa e seu poder de tomada de decisão em termos estratégicos proporciona um vasto espectro de abordagens, principalmente no que diz respeito ao posicionamento competitivo e os efeitos decorrentes deste no mercado em que esta se encontre situada.

Como forma de manter uma vantagem sustentável, a empresa dentro destes limites pode utilizar suas capacitações acumuladas e recursos para gerar uma série de combinações estratégicas (desenvolvimento de novos produtos e processos busca constante de inovações, diferenciação de produtos/serviços, qualidade e produtividade).

De acordo com Porter (1990), é perfeitamente possível conceber a estratégia competitiva como um processo de descobertas de posições, seja atendendo consumidores já existentes, ou adotando estratégias de atração de novos consumidores no mercado. O que se verifica é que empresas entrantes muitas vezes descobrem posicionamentos disponíveis até o momento ignorados pelas empresas estabelecidas. Também as entrantes originárias de outros segmentos podem criar posições por meio das estratégias de diferenciação de produtos e serviços, a partir das atividades que exercem em setores correlatos.

2.6 O Posicionamento Estratégico das Empresas

Os conceitos sobre posicionamento estratégico, de modo geral, baseavam-se exclusivamente em custo e na participação que a empresa tinha no mercado, considerados como fatores determinantes únicos da posição de custo. Na visão econômica moderna, esse posicionamento estratégico é visto sob outro prisma. Esta compreende que inúmeras empresas podem ter sucesso dentro de um mesmo segmento por meio da adoção de estratégias diferentes, cada uma em sua busca incessante por vantagens competitivas mediante formas distintas junto a um diferente subconjunto de consumidores. Ansoff (1990) denomina como estratégia de carteiras e estratégia competitivas as direções estratégicas que as empresas possam tomar:

1. a estratégia de carteiras está relacionada às diferentes oportunidades em termos de rentabilidade e crescimento exigindo enfoques competitivos distintos. A implantação desse tipo de estratégia está ligada à especificação dos tipos de áreas de

negócios que são estratégicas para a empresa e nas quais ela pretende atuar a longo prazo, bem como a interação entre elas;
2. a estratégia competitiva trata do enfoque específico que a empresa deve utilizar para obter êxito em cada uma das áreas estratégicas de negócio.

Sob essa ótica, Porter (1999, p. 47) diz que as empresas, ao desempenharem atividades diferentes de seus concorrentes ou desempenharem as mesmas atividades de forma diferenciada, posicionam-se estrategicamente no mercado. Contrariamente, quando a empresa desempenha sua atividade de forma superior a suas concorrentes, ela aperfeiçoa sua eficiência operacional (gestão da qualidade, *benchmarking*, terceirização, reengenharia, gestão de mudanças), ou seja, a empresa utiliza práticas de melhor aproveitamento de insumos e recursos de que dispõe. Tanto as formas pelas quais a empresa se posiciona estrategicamente, quanto a eficácia operacional são consideradas fundamentais no desempenho superior de suas atividades, porém elas atuam de maneiras distintas.

O posicionamento estratégico das empresas tem sido alvo de inúmeras discussões e de divergências entre pesquisadores da área. Muitos o têm rejeitado, por considerarem-no excessivamente estático, num contexto globalizado, dinâmico e de profundas transformações tecnológicas. Nesse contexto, a vantagem competitiva seria, na melhor das hipóteses, uma situação temporária. O que se verifica segundo Porter (1999) é uma incapacidade dos gestores de distinguir eficácia operacional de estratégia.

As posições estratégicas advêm basicamente de três modalidades principais, as quais não são mutuamente excludentes e em sua maioria encontram-se imbricadas:

1. o primeiro posicionamento é denominado posicionamento baseado na variedade. Encontra-se fundamentado na escolha de variedades de produtos ou serviços e não em segmentos específicos de clientes. O que está em evidência neste

posicionamento é a capacidade da empresa de produzir determinados serviços e produtos utilizando um conjunto de atividades diferenciadas. Esse posicionamento é capaz de atender a uma gama de consumidores, porém apenas uma parcela de suas necessidades;
2. o segundo posicionamento é o baseado no critério de atender à maioria das necessidades de um determinado grupo de clientes, ou seja, baseado nas necessidades. É adotado pela empresa quando essa pretende atingir um grupo de consumidores que têm necessidades diferenciadas e quando é necessário um conjunto de atividades especialmente formuladas capazes de atender a essas necessidades. Esse posicionamento apresenta uma variante na medida em que um mesmo grupo de consumidores pode apresentar mudanças de suas necessidades em tempos diferentes de transação, ou seja, apresentar necessidades diversas em tempos distintos;
3. o terceiro critério para o posicionamento é o da segmentação dos clientes em razão das diferenças nas modalidades de acesso. Baseia-se na segmentação dos consumidores, considerando as diferentes formas de acesso, sejam estas em função do porte do consumidor, ou de sua localização geográfica, ou outra razão qualquer que demande um conjunto de atividades diferenciadas para alcançá-las de forma mais adequada. A distinção entre consumidores urbanos e rurais é um exemplo desse tipo de segmentação, assim como o atendimento a pequenos consumidores e não a grandes, ou o atendimento a consumidores que se localizam em áreas com pequenas populações (as maneiras de configurar atividades de marketing, logística, processamento de pedidos e serviços de pós-venda serão executadas de formas diferenciadas em função deste grupo de consumidores), deixando de atender a grandes corporações em outros locais de maneira privilegiada.

Sob essa perspectiva, há que se considerar que não existe uma única posição ideal, seja o uso isolado de cada uma ou mesmo a combinação entre as três, dentro do ambiente concorrencial. Caso houvesse essa única posição ideal, não haveria a necessidade de estratégia. O posicionamento requer um conjunto de atividades sob medida, pois essa é sempre a consequência de diferenças na oferta, ou seja, de atividades. Caso as mesmas atividades fossem escolhidas como forma de produzir variedade de produtos ou atender serviços, para satisfazer as necessidades e para ter acesso ao segmento de consumidores por inteiro, as empresas alternar-se-iam entre posicionamentos, de modo que a eficácia operacional determinaria o desempenho de cada uma delas no mercado. Nesse sentido, as formas de posicionamento da empresa são fatores que determinam as atividades a serem desempenhadas pela mesma, assim como a maneira de relacionamento umas com as outras.

Para Porter (1999, p. 63), a estratégia consiste em:

> [...] criar uma posição exclusiva e valiosa, envolvendo um diferente conjunto de atividades [...]. As empresas enfrentariam um imperativo simples — ganhar a corrida para descobrir e se apropriar da posição única. A essência do posicionamento estratégico consiste em escolher atividades diferentes daquelas dos rivais.

Referências

ANSOFF, H. I. *Nova estratégia empresarial.* São Paulo, Atlas, 1990.

CALDAS, V.; LIMA, M. Planejamento estratégico: uma arma mortal contra seus concorrentes. In: *INFONET.* Aracaju, 25 fev. 2006. Pergunte ao consultor. Disponível em: <http://www.infonet.com.br/pergunteaoconsultor/ler.asp?id=44522&titulo=pergunte_ao_consultor>. Acesso em: 20 nov. 2006.

CAMPOMAR, M. C. *O planejamento de marketing e a confecção de planos: dos conceitos a um novo modelo.* São Paulo, Saraiva, 2006.

CHIAVENATO, I. *Planejamento estratégico: fundamentos e aplicações.* Rio de Janeiro, Elsevier, 2003.

CHURCHILL Jr., G. A.; PETER, J.P. *Marketing: criando valor para os clientes.* São Paulo, Saraiva, 2000.

DRUCKER, P. F. *Inovação e espírito empreendedor*. São Paulo, Pioneira Thomson, 2003.

KOTLER, P. *Administração de Marketing*. São Paulo, Prentice Hall, 2000.

KOTLER, P. *Marketing para o século XXI: como criar, conquistar e dominar mercados*. 13. ed. Tradução Bazán Tecnologia e Lingüística. São Paulo, Futura, 1999.

LEWIS, B. R.; LITTLER, D. (org.). *Dicionário enciclopédico de marketing*. São Paulo, Atlas, 2001.

LOPES FILHO, L. S. *Marketing de vantagem competitiva*. São Paulo, Saraiva, 2006.

LOUREIRO, R. O. Disponível em: <http://www.guiarh.com.br/p91.htm>. Acesso em: 29 out. 2006.

MACDONALD, M. *Plano de marketing: planejamento e gestão estratégica: como criar e implementar*. Rio de Janeiro, Elsevier, 2004.

PORTER, M. E. *Estratégia Competitiva: Técnicas para análise de indústrias e da concorrência*. Rio de Janeiro, Campus, 1986.

PORTER, M. E. *Competição = On competition: estratégias competitivas essenciais*. Rio de Janeiro, Campus, 1999.

PORTER, M. *Vantagem Competitiva: Criando e sustentando um desempenho superior*. Rio de Janeiro, Campus, 1990.

WALTER, A. A. *Planejamento empresarial: controle frente a competitividade*. São Paulo, USP, 2000.

WESTWOOD, J. *O plano de marketing: Guia Prático*, 2. ed. São Paulo, Markron, 1989.

Capítulo 3
Inteligência Competitiva (*Business Intelligence*)

A NECESSIDADE DE INFORMAÇÃO está cada vez maior em todas as empresas. A informação é a base de quaisquer decisões, e, se ela não for correta ou suficiente a decisão tomada também não o será, ocasionando que estratégias não adequadas ao mercado-alvo sejam tomadas na empresa.

Chiavenato (2003, p. 296) diz que a informação está no centro de tudo. O segredo para alcançar um desempenho competitivo superior com a criação de valor e a construção de relacionamentos com o cliente a longo prazo está no conhecimento profundo do mercado, apoiado por processos contínuos de aprendizado e processos de inteligência competitiva viabilizados pelos sistemas de informação.

Como desenvolvido no capítulo anterior, a estratégia competitiva envolve o posicionamento de um negócio, de modo a maximizar o valor das características que o distingue de seus concorrentes. Para isso, é fundamental uma análise detalhada da concorrência e de todos os públicos de interesse da empresa (mercado-alvo). Mas para se fazer essa análise aprofundada é necessário possuir uma grande quantidade de dados sobre os mercados, muitos dos quais não são fáceis de se conseguir.

Em decorrência dessa dificuldade, muitas empresas acabam agindo baseadas nas suas impressões informais (*feeling*), sem realizar uma análise mais profunda sobre o ambiente mercadológico em que a empresa está inserida.

Dados de inteligência sobre os concorrentes, por exemplo, podem vir de muitas fontes: relatórios publicados, pronunciamentos da administração de um concorrente para analistas de mercado, a imprensa especializada, a força de vendas, fornecedores ou clientes de uma empresa que sejam comuns aos concorrentes, exame dos produtos de um concorrente, estimativas pelo pessoal de engenharia da empresa, conhecimento recolhido de gerentes ou outro tipo de pessoal que tenha saído de um emprego dos concorrentes, assim por diante.

A compilação dos dados para uma análise sofisticada da concorrência exige mais do que apenas um trabalho duro. Para ser efetiva, existe a necessidade de um mecanismo organizado, ou seja, algum tipo de sistema de inteligência sobre o concorrente, para assegurar a eficiência do processo. Os elementos de um sistema de inteligência sobre o concorrente podem variar de acordo com as necessidades particulares da empresa em virtude da capacidade de seu pessoal e dos interesses e qualificações de sua gerência.

> A análise de mercado apresenta o entendimento do mercado da empresa, seus clientes, seus concorrentes e quanto a empresa conhece, em dados e informações, o mercado no qual atua. A análise do mercado permite ainda conhecer de perto o ambiente em que o produto/serviço se encontra. O mercado é composto pelo ambiente no qual a empresa e produto se localizam, pela concorrência e pelo perfil do consumidor.

Qualquer que seja o mecanismo escolhido para coletar dados de inteligência sobre o concorrente, existem benefícios a serem obtidos por meio de um mecanismo que seja formal e envolva alguma documentação. É muito fácil perder informações e por isso os benefícios provenientes apenas da combinação das peças de informação são perdidos. A análise da concorrência é demasiadamente importante para ser feita ao acaso (PORTER, 1986, p. 61-85).

O monitoramento das informações do ambiente passou a representar um importante mecanismo das organizações para obter vantagem competitiva por três motivos:

1. *competição global*: obrigou os executivos das organizações a lidar com diferentes culturas competitivas e temas como salários, câmbios, políticas públicas, que afetam diferentemente as organizações conforme sua localização ou nacionalidade;
2. *volatilidade dos mercados*: com o encurtamento do ciclo de vida dos produtos ou serviços, convergência tecnológica e desregulamentação, o monitoramento das mudanças torna-se essencial para a sustentação competitiva da organização;
3. *transferência tecnológica e gerencial*: fez com que os produtos e serviços se tornassem *commoditizados* (sem diferenciação, ou seja, padronizados). A vantagem competitiva é alcançada agora pela capacidade da organização de lidar com o volume de informação que produz a onda de mudanças constantes no contexto de negócios.

A produção de informação que fomentará o desenvolvimento de um estado de inteligência organizacional deve começar com a clara identificação do usuário da informação e de suas demandas. A partir daí trilha-se o processo informacional, constituído pela coleta, categorização ou classificação, análise e armazenamento, para posterior recuperação e difusão entre os produtos, serviços e processos da organização. Com isso, completa-se o ciclo e as pessoas passam a ter matéria-prima para a formulação de estratégias e tomada de decisões.

3.1 O Papel da Informação no Planejamento

Não há planejamento estratégico sem que haja informações adequadas do ambiente interno e externo da organização. Em poder dessas informações, a empresa busca reduzir as incertezas e riscos nas tomadas de decisões.

Décadas de desenvolvimento de sistemas transacionais e de apoio à decisão geraram um enorme volume de dados nas empresas, fornecidos por intermédio de relatórios, terminais ou micros. Muitas das informações desses relatórios e até mesmo o próprio relatório perderam o sentido, mas continuam circulando nas organizações, atormentando seus usuários e desperdiçando dinheiro. Ao elaborar o planejamento da arquitetura de tecnologia da informação de uma organização, é importante racionalizar o fluxo de informações, eliminando atividades que não agreguem valor ao negócio.

Existem dois fatores que inviabilizam essa utilização de inúmeros relatórios inúteis. Um deles é que todo esse volume de dados e relatórios representa custo, e, mais do que nunca, as empresas precisam otimizar seus custos com o objetivo de se tornarem mais competitivas. Outro fator negativo é que a existência de um excesso de dados na empresa pode gerar conflito no momento da tomada de decisão pelas áreas gerenciais, como mostrado na Figura 3.1, ou mesmo gerar atraso nessas decisões, o que prejudica a definição da estratégia da organização.

Figura 3.1

Decisões sobre a importância das informações

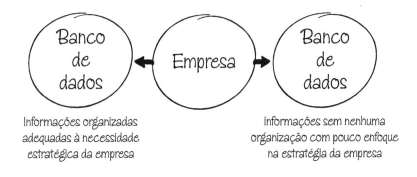

Suprir as necessidades dos executivos modernos com mecanismos ágeis e fáceis, possibilitando a monitoração dos indicadores de desempenho da empresa, com todo o dinamismo que é característico dos processos decisórios, representa o grande desafio de empresas que atuam em mercados de alta competitividade. Ao executar o planejamento estratégico, as variáveis de negócio, objetivos e fatores críticos de sucesso são tratados junto aos executivos.

A TI (Tecnologia da Informação), ou melhor, a Administração de Informações, tem sido o caminho encontrado pelas organizações para viabilizar a execução de novas estratégias de negócios, com ênfase no mercado (nichos de mercados), maior aproximação ao cliente, qualidade em serviços e crescimento planejado.

Torna-se fundamental o reconhecimento das decisões-chave no tipo de negócio em exame e dos tipos de informações requeridas para agilizar e fornecer melhores condições a tais decisões.

Cada empresa deve conhecer quais são as decisões pertinentes ao seu negócio e, depois disso, por meio de entrevistas com os tomadores de decisão dentro da empresa, eleger quais são as informações que realmente auxiliam nesse processo e em que velocidade e formato eles precisam dessas informações. Em poder desses dados é que a empresa definirá qual sistema de *Business Intelligence*[17] (BI) ou Inteligência Competitiva melhor se adequará ao seu perfil.

Uma informação operacional gerada por um sistema qualquer tem por finalidade simplesmente permitir que determinadas operações continuem acontecendo dentro do ciclo operacional da empresa. Já as informações de natureza gerencial destinam-se a *alimentar* processos de tomada de decisão. As decisões inerentes ao processo de planejamento, ao controle, à formulação, ao acompanhamento de políticas e à interpretação de resultados exigem informações adequadas.

---

[17] O conceito de *Business Intelligence* surgiu para resolver questões da ampliação da ação dos sistemas informatizados do nível operacional para estratégico e da criação de condições para a extração e a visualização de informações gerenciais dos acervos de dados, criando um ambiente de conhecimento, no qual há produção sistemática de informação gerencial veloz e consistente.

São essas informações gerenciais que devem ser administradas pelo sistema de *Business Intelligence* (BI) e que devem ser gerenciadas cuidadosamente pelas empresas.

A organização deve conhecer suas necessidades de informações gerenciais de todos os níveis. Somente então, mediante um sistema adequado, pode começar a atender essas necessidades. Por essa razão, as informações devem conter certas características de qualidade, oportunidade, conteúdo e qualidade que somente podem ser obtidas por meio de um bom sistema de informação.

Conclui-se que a produção de informações de qualidade é reconhecida como uma vantagem competitiva que pode ser obtida por intermédio de conceito e técnicas da Administração de Dados aplicados aos sistemas de BI.

> A construção de um banco de dados[18] eficiente e eficaz exige entendimento detalhado da organização, de suas necessidades de informação em todos os níveis de gerência. Esse entendimento é obtido primeiramente pelo exame da missão e metas da organização agora e para o futuro. Em seguida, são identificados os dados-chave necessários para as diferentes áreas funcionais, por meio de levantamento e análise dos produtos, serviços, mercados, sistemas atualmente existentes na organização e canais de distribuição da organização. Finalmente, os dados-chave necessários para as decisões pela alta administração são identificados a partir do exame das metas da organização. (SERRA, 2002, p. 11-24)

---

[18] O termo banco de dados foi criado inicialmente pela comunidade de computação, para indicar coleções organizadas de dados armazenados em computadores digitais, porém o termo é usado para indicar tanto sistemas digitais como sistemas de dados disponíveis de outra forma. Aceitando uma abordagem mais técnica, é uma coleção de registros salvos em um computador de modo sistemático, de forma que um programa possa consultá-lo para responder a questões. Normalmente um registro está associado a um conceito completo e é dividido em campos, ou atributos, que dão valores a propriedades desses conceitos. Possivelmente, alguns registros podem apontar diretamente ou referenciar indiretamente outros registros, o que faz parte da caracterização do modelo adotado pelo banco de dados.

3.2 O Conceito de Inteligência Competitiva

(Business Intelligence)

O grande desafio de todo indivíduo que gerencia qualquer processo é a análise dos fatos relacionados a seu dever. Ela deve ser feita de modo que, com as ferramentas e dados disponíveis, o gerente possa detectar tendências e tomar decisões eficientes no tempo correto. Com essa necessidade surgiu o conceito de *Business Intelligence* (BI), ou seja, administração da inteligência competitiva da empresa, resultante da análise de informações e dados coletados, que irá embasar as decisões na empresa.

ERP (*Enterprise Research Planning*)

A sigla ERP traduzida literalmente significa algo como "Planejamento dos Recursos da Empresa", o que pode não refletir o que realmente um sistema ERP se propõe a fazer. Estes sistemas, também chamados no Brasil de Sistemas Integrados de Gestão Empresarial, não atuam somente no planejamento. Seu objetivo é controlar e fornecer suporte a todos os processos operacionais, produtivos, administrativos e comerciais da empresa. Todas as transações realizadas pela empresa devem ser registradas, para que as consultas extraídas do sistema possam refletir ao máximo possível sua realidade operacional.

Um Sistema de Gestão Empresarial (ERP) é constituído por um banco de dados, um aplicativo integrado e uma interface completa para os usuários da empresa, no qual o sistema obedece todas as regras de manufatura, distribuição, finanças e vendas. Esse sistema disponibiliza as informações contidas nos sistemas ERP, por meio de funções que assistirão os empregados e os gerentes a planejar, monitorar e controlar os negócios da empresa (ZENONE, 2003, p. 101).

O *Business Intelligence* é um sistema de extração e análise de dados que facilita a tomada de decisões estratégicas e o fluxo de informações. Os programas de BI são versões atualizadas dos Sistemas de Apoio à Decisão. Nos dois casos a função é extrair dados, transformá-los e convertê-los para serem usados de forma a dar inteligência ao negócio.

Os Sistemas de Apoio à Decisão não foram tão difundidos entre as empresas porque tinham como fator impeditivo o custo das ferramentas. Contudo, o mercado vive um momento muito mais confortável para este tipo de aplicação, pois os executivos estão percebendo que os módulos do sistema de gestão (transacional) comprados no passado recente não fornecem os indicadores e/ou dados necessários para as tomadas de decisão, e porque esta ferramenta já atingiu certa maturidade, o que fez com que os custos já fossem diluídos e reduzidos.

Quando se fala em BI, associamos esse conceito a uma ferramenta utilizada pela área de vendas, porém ele vai muito além e pode ser utilizado por todas as áreas da empresa (MYLIUS, 2004, p. 16-22).

São características de um sistema de BI:

- possibilidade de extrair e integrar dados de múltiplas fontes;
- fazer uso da experiência;
- analisar dados contextualizados;
- trabalhar com hipóteses;
- procurar relações de causa e efeito;
- transformar os registros obtidos em informação útil para o conhecimento empresarial.

Para iniciar um projeto de inteligência competitiva em uma organização, há um conjunto básico de passos a serem seguidos:

1. definir temas de interesse;
2. mapear o ambiente competitivo relativo a cada tema;
3. identificar as fontes de informação pertinentes;
4. efetuar uma pesquisa preparatória de material básico a respeito de cada tema para que se possa estabelecer um contexto de análise;
5. definir a estratégia de coleta de informações;
6. implantar a atividade de pesquisa, coleta e registro das informações;

7. identificar *experts* para darem apoio técnico à análise;
8. definir os métodos de análise que serão empregados;
9. criar bases de dados de referência para cada tema.

> Existem várias ferramentas e/ou técnicas disponíveis no mercado que podem de alguma forma atender às necessidades da organização e trazer vantagem competitiva a ela. Todas com um único fundamento: o armazenamento de grande massa de dados que compõe o negócio da organização e seu ambiente externo, permitindo depois uma exploração e análise, que se traduzem em informações úteis e necessárias para as decisões a serem tomadas. (SERRA, 2002, p. 77-79)

Um sistema de inteligência voltado para a área de marketing consiste em um conjunto de procedimentos e dados usados para obter informações sobre eventos do ambiente de marketing. Assim como cada departamento específico dentro da empresa terá condições de extrair do sistema de inteligência informações importantes que servirão como base para tomadas de decisões de seus respectivos gerentes.

A coleta de dados se dá em vários níveis, por exemplo por meio da equipe de vendas, uma vez que está em contato direto com os clientes e, portanto, possui um maior número de informações sobre seus clientes. É preciso conscientizar a equipe de vendas de que ela é a principal fonte coletora de informações sobre os clientes e da importância de se ter todas essas informações armazenadas.

Estão relacionadas algumas formas de coleta de dados praticadas pelas empresas:

- a principal, como já mencionado, pela sua própria equipe de vendas;
- pelos seus revendedores e distribuidores, ou qualquer outro intermediário que a empresa possua;
- pela aquisição dos produtos e/ou serviços de seus concorrentes;
- pela leitura de publicações, relatórios sobre seus concorrentes;
- pelo contato com pessoas (fornecedores, funcionários, distribuidores) dos seus concorrentes;

- pela promoção de um painel construtivo com seus clientes, no qual estes discutirão pontos importantes sobre os produtos e/ou serviços consumidos;
- pela compra de informações de institutos de pesquisas ou pela realização pesquisas de mercado;
- pela internet (sites, blogs, redes sociais, etc).

"Todas as informações coletadas pelas diversas fontes (...) exemplificadas devem ser centralizadas e armazenadas." (KOTLER, 2000, p. 124-125).

Essas informações são utilizadas pela empresa toda e cada departamento ou área de negócio faz uso das informações relacionadas ao seu negócio. Um exemplo de utilização pode ser pelos Sistemas de Apoio à Decisão de marketing.

Kotler (2000, p. 138) define o Sistema de Apoio à Decisão de marketing como:

> um conjunto coordenado de dados, sistemas, ferramentas e técnicas com software e hardware de suporte, por meio do qual uma empresa coleta e interpreta informações relevantes provenientes dos negócios e do ambiente e as transforma em uma base para a ação de marketing.

A maior parte das falhas dos projetos de BI ocorre na implementação da ferramenta, porque na hora de instalar a empresa descobre que não tem uma base de dados consistente e formatada de maneira adequada.

Assim, confirma-se a necessidade de, antes de a empresa partir para a implementação de uma ferramenta de BI, investir na preparação do seu banco de dados.

O conjunto de aplicações do *Business Intelligence* visa, basicamente, extrair e analisar dados de clientes armazenados em várias fontes para determinar tendências, por exemplo. É o processo de elaboração de relatórios, estatísticas, análise de informações. BI é a capacidade, ou o instrumental, que lhe dá subsídios e permite tomar decisões.

A missão do *Business Intelligence* é possibilitar a correta tomada de decisão, desde capturar a informação em um relatório até simular e projetar dados para o futuro: avaliar dados históricos para descobrir oportunidades e indicadores, por exemplo. Enquanto o CRM (*Customer Relationship Management*) é uma solução basicamente para o marketing, o BI é uma solução para a empresa como um todo.

A popularização do uso de ferramentas de BI — hoje já amadurecidas e estáveis — é certamente um caminho irreversível, pois representa a consolidação de um conceito de análise informacional que permite a distribuição de informações por todos os níveis hierárquicos e funcionais das empresas, otimizando a gestão.

Customer Relationship Management (CRM)

O *Customer Relationship Management* (CRM) ou Gerenciamento do Relacionamento, como o próprio nome indica, é a integração entre o Marketing e a Tecnologia da Informação para prover a empresa de meios mais eficazes e integrados para atender, reconhecer e cuidar do cliente em tempo real e transformar estes dados em informações, que disseminadas pela organização, permitem que o cliente seja conhecido e cuidado por todos da empresa.

Do ponto de vista tecnológico, CRM envolve capturar os dados do cliente ao longo de toda a empresa, consolidar todos os dados capturados interna e externamente em um banco de dados central, analisar os dados consolidados, distribuir os resultados dessa análise aos vários pontos de contato com o cliente e usar essa informação ao interagir com o cliente através de qualquer ponto de contato com a empresa.

Do ponto de vista dos sistemas, CRM é a integração dos módulos de automação de vendas (SFA), gerência de vendas, telemarketing e televendas, serviço de atendimento e suporte ao cliente (SAC), automação de marketing, ferramentas para informações gerenciais, Web (Internet) e comércio eletrônico (ZENONE, 2003, p. 71-91).

Sistemas inteligentes, mais acessíveis e construídos sob medida deixaram de ser vistos como despesa e passaram a justificar investimentos cada vez maiores em TI. O cenário emergente do *e-business* poderá ser o principal elo de ligação entre os canais de atendimento e os canais de relacionamento com clientes e fornecedores. Desse modo, o BI deverá ser cada vez mais um componente importante nas decisões estratégicas das empresas, com isso será mais difundido no mercado e também cada vez mais acessível a empresas de pequeno e médio porte.

3.3 Metodologia de Escolha e de Implantação de uma Solução de *Business Intelligence*

É possível reduzir os riscos de uma solução de BI por meio da utilização de uma metodologia no processo de escolha da melhor alternativa. Esta metodologia nada mais é do que um passo a passo no processo de avaliação:

1. *definir os objetivos do negócio*: a missão principal do projeto, os objetivos específicos dos processos do negócio e os benefícios desejados;
2. *definir as exigências do negócio*: para atingir os objetivos é preciso estabelecer as ações e os itens específicos que devem ser realizados antes de tudo;
3. *definir os usuários*: estabelecer quem estará envolvido em atingir os objetivos do negócio;
4. *definir as funcionalidades*: estabelecer as que devem ser obrigatoriamente fornecidas pela solução a fim de atender as exigências e necessidades dos usuários;
5. *definir uma lista inicial de fornecedores*: os que mais se encaixam nas funcionalidades levantadas;
6. *estabelecer os critérios de tecnologia e do negócio*: fazendo uma lista dos critérios para seleção dos fornecedores para filtrar a lista inicial;
7. selecionar e avaliar um fornecedor.

Após selecionar a solução que mais se adeque ao negócio da empresa, deve-se partir para o projeto e implantação da solução (MYLIUS, 2004, p. 43-45).

Existem quatro etapas principais quando se pretende projetar um sistema de inteligência competitiva, são elas:

1. *estabelecimento do sistema*: esta etapa refere-se à identificação das principais informações competitivas, definição das fontes mais adequadas para obtê-las e a escolha de uma pessoa para ser a responsável por administrar o sistema;
2. *coleta de informações*: a coleta de informações deve ser frequente e contínua no campo, ou seja, por meio das fontes previamente descritas;
3. *avaliação e análise dos dados*: as informações coletadas devem ser validadas nesta etapa, ou seja, realiza-se uma conferência de sua validade e em seguida sua interpretação e validação;
4. *disseminação das informações*: os gerentes e diretores da empresa recebem as informações-chave necessárias ao processo decisório.

Com um sistema de inteligência bom e competitivo, os gerentes terão mais facilidade para formular suas estratégias competitivas (KOTLER, 2000, p. 250-251).

Seguindo as etapas anteriormente descritas, a empresa deve então escolher uma ferramenta de apoio à decisão ou BI que melhor se adapte às suas necessidades.

3.4 As Principais Ferramentas do *Business Intelligence*: *Database Marketing*, CRM e *Data Warehouse*

O *Database Marketing* é uma ferramenta de gerência e apoio às decisões. No banco de dados deverão estar gravadas todas as informações relevantes dos clientes da empresa. Com base nesses dados a empresa poderá ter um relacionamento individual com cada cliente, podendo apresentar para cada um o produto que lhe convier e que for de sua necessidade. O banco de dados, porém, é apenas uma ferramenta. É a forma como ele será usado que fará toda diferença. E essa ferramenta começa já na forma como o banco de dados é preparado para receber as informações.

O banco de dados de clientes (*database*) ajuda a implementar o marketing de relacionamento[19] de diversas maneiras:

- os esforços de marketing tornam-se tão mais eficientes como eficazes, porque a instituição financeira está apta a identificar seus clientes mais importantes, para então apresentar-lhes a oferta, produto ou serviço adequado no tempo correto;
- a tecnologia de computador está equipada para administrar a vasta quantidade de dados que a instituição necessita para interagir com seus clientes de maneira verdadeiramente personalizada e rentável;
- um *diálogo* verdadeiro pode ser mantido com clientes ao descobrir interações contínuas, identificando mudanças no comportamento de compra, perfil de investimento e propensão à inadimplência, permitindo à instituição antecipar riscos e oportunidades futuras;
- o desenvolvimento de novos produtos é facilitado ao se conhecer o perfil da sua base de clientes atual e futura, como o cliente pode ser satisfeito e quais mudanças podem resultar em maior aceitação do serviço ou produto.

É importante que a empresa esteja sempre desenvolvendo estratégias que aproximem clientes, fornecedores, parceiros, sendo que desta forma é possível melhorar o relacionamento atual e futuro, assegurando um planejamento mais realista de todo o marketing.

---

[19] Marketing de relacionamento é um processo disciplinado que permite às empresas utilizarem quantidades maciças de informações sobre seus clientes, para prever dinamicamente o seu comportamento e desenvolver ações cada vez mais personalizadas, garantindo a preferência, ou seja, a fidelização.

3.4.1 *Database* Marketing

O *Database Marketing* é uma das ferramentas estratégicas que contribuem para alcançar a vantagem competitiva. Se as organizações quiserem obter o benefício máximo do *Database Marketing*, sua alta gerência deve compreender clara e exatamente de que forma ele pode ser usado como uma arma competitiva.

A função básica de um banco de dados é fornecer um local para armazenar e acessar os dados sobre seus consumidores, compradores, formadores de opinião, entre outros. Com a manipulação desses dados, pode-se obter conhecimento e entender melhor os consumidores. É essa compreensão que nos permite selecionar as estratégias corretas.

> Com o auxílio de dados consistentes de seu banco de dados, é mais fácil provar ao alto escalão de gerenciamento quanto custará uma mudança no marketing direcionado aos consumidores e o que fará aos lucros da empresa. O foco no cliente não deve ser executado porque é uma forma agradável de trabalhar, mas apenas se for o modo mais vantajoso de proceder. É necessário ter ferramentas a fim de determinar se é ou não vantajoso. (SERRA, 2002, p. 82-96)

3.4.2 *Customer Relationship Management* (CRM)

O *Customer Relationship Management* (CRM) engloba conceitos, métricas, processos, soluções, gestão de canais, estratégias e ferramentas das áreas de marketing, vendas e serviços. É a integração e a padronização de todas essas ferramentas visando, por meio da excelência no atendimento ao consumidor, torná-lo leal à marca, serviço e/ou produto. A principal mudança decorrente desse conceito é desviar o foco do produto para focar no relacionamento com o cliente. Como resultado, espera-se aumentar a rentabilidade por cliente, ou seja, melhorar receitas e baixar custos, o principal objetivo de qualquer empresa.

A ideia básica por trás do CRM consiste em fazer com que, a partir das análises das informações geradas nos contatos, as transações com o cliente se transformem em relacionamentos duradouros, tornando-o fiel a determinado produto e/ou serviço. Nesse processo são utilizados todos os conhecimentos adquiridos em qualquer contato com o cliente. É uma forma de análise do comportamento dos clientes e de, a partir das lições tiradas dessa análise, influenciar o seu comportamento, antecipando-se às suas necessidades.

É ainda um conjunto de políticas, práticas e infraestrutura tecnológica que visa reter o cliente por intermédio da excelência no atendimento. É um processo contínuo, complexo, que tem começo, mas não tem fim. A CRM é uma estratégia para se aproximar do cliente; um marketing específico para esse relacionamento.

Segundo Serra (2002, p. 127):

> CRM é o alinhamento das estratégias empresariais, da estrutura e cultura da organização, das informações sobre os clientes e da tecnologia, conduzidas de forma que todas as interações com os clientes levem sua satisfação em longo prazo, para benefício e lucro da organização.

A partir do início dos anos de 1990, o foco passa a ser o consumidor; a estratégia não visa apenas reduzir custos, mas gerar receitas. O marketing se sofistica; as vendas agora são vistas como relacionamentos e, se a postura é reter o cliente, os serviços relacionados a ele passam a ser proativos. É a busca pelo atendimento personalizado, principal meta do marketing de relacionamento com o cliente, lembrado pela sigla CRM.

Como não é possível se relacionar com o cliente de forma adequada sem conhecê-lo bem, é preciso começar pela descoberta desse conhecimento. Primeiro passo: saber quem é o cliente. Para chegar a isso, é muito importante a existência de um bom banco de dados para que a partir dele seja possível extrair informações mais precisas. A única vantagem competitiva real vem do conhecimento que você tem do seu cliente e que seus concorrentes não têm.

A arquitetura do CRM é composta por dois blocos principais: o bloco de aquisição do conhecimento, em que serão guardadas todas as informações sobre essas transações — o *data warehouse* e o bloco de interação — *call center*, quiosques eletrônicos, ponto de venda (PDV), ou seja, tudo o que se relaciona ao cliente. O grande desafio das empresas é gerar esse repositório de informações.

Após a implantação de um projeto de CRM, pretende-se que o departamento de marketing conheça de forma profunda a base instalada de serviços e produtos dos clientes. Esse conhecimento, em tese, possibilitaria disparar campanhas e promoções direcionadas, por exemplo. Ao departamento de vendas caberia conhecer o histórico de serviço do cliente. Dessa forma, poder-se-ia ofertar o produto certo, ao cliente certo, na hora certa, pelo canal certo. E, finalmente, o departamento de serviços teria de conhecer os ciclos de pedido do cliente e suas características particulares. Isso permitiria ao setor recomendar contratos ou a programação de serviços mais indicada.

Para implantar uma solução de CRM, é preciso ter bem claro — do ponto de vista da estratégia de marketing — qual a proposta de valor que a empresa deseja dar aos seus clientes; quem é o cliente; para quem ela quer vender; o que a empresa se propõe a fazer; e o que tem a oferecer. Isso em um primeiro nível de estratégia de marketing. Em um segundo nível, é preciso saber quais programas de marketing são aplicados para a consecução dessa estratégia.

De acordo com Serra (2002, p. 117), os principais objetivos das empresas que implantam o conceito de CRM são: adquirir, reter e aumentar a lucratividade por cliente. Para isso é necessário, antes de tudo, outro passo: reunir sobre ele informações adequadas para prever seu comportamento e, assim, antecipar-se e oferecer-lhes produtos e/ou serviços de qualidade. Só se consegue isso tratando o cliente de forma personalizada, pelo motivo de que um cliente pode ser bom para um produto e ruim para outro. A consequência disso será um relacionamento duradouro e mais rentável. Uma vez que o cliente sabe como e quando utilizar os produtos e/ou serviços da empresa, torna-se mais barato atendê-lo.

O impacto do CRM nos negócios da empresa seria: todos os funcionários se tornariam *advogados* dos clientes; as pessoas adquiririam informações mais ricas; os silos funcionais seriam destruídos; maior interação com o cliente; capacitação tecnológica; e a remuneração dos vendedores, por exemplo, seria variável.

O CRM se relaciona como uma solução de BI fornecendo dados e informações sobre os clientes; ele é um dos responsáveis pelo fornecimento de inteligência ao sistema. Os dados provenientes do CRM são armazenados em um *data warehouse*.

3.4.3 Data Warehouse

Em termos simples, um *data warehouse*, ou "Armazém de Dados", pode ser definido como um banco de dados especializado, o qual integra e gerencia o fluxo de informações a partir dos bancos de dados corporativos e fontes de dados externas à empresa. Um *data warehouse* é construído para que tais dados possam ser armazenados e acessados rapidamente, em tempo real, e que não sejam limitados pela álgebra relacional dos bancos de dados. O principal objetivo do *data warehouse* é tornar as informações corporativas acessíveis para o seu entendimento, gerenciamento e uso (INMON, 1999).

Podemos defini-lo também como sendo uma coleção de técnicas e tecnologias que juntas disponibilizam um enfoque pragmático e sistemático para tratar com o problema do usuário final de acessar informações que estão distribuídas em vários sistemas da organização.

As aplicações típicas do *data warehouse* em uma empresa podem ser classificadas em dois grandes conjuntos:

- *aplicações do negócio*: constituem as aplicações que dão suporte ao dia a dia do negócio da empresa, que garantem a sua operação, também chamadas de sistemas de produção;
- *aplicações sobre o negócio*: são as aplicações que analisam o negócio, ajudando a interpretar o que ocorreu e a decidir sobre

estratégias futuras para a empresa; compreendem os sistemas de suporte à decisão e sistemas de informações executivas.

Uma arquitetura de dados adequada para dar suporte a esses dois tipos de aplicações deve estar baseada analogamente em dois ambientes de bancos de dados: os bancos de dados operacionais — para dar suporte às aplicações do negócio — e os bancos de dados para suporte à decisão — para dar suporte às aplicações sobre o negócio.

3.4.4 Outras Ferramentas Associadas: *Data Mining* e *Data Mart*

Data mining é uma nova tecnologia que busca encontrar padrões, regularidades e tendências nos mais diversos bancos de dados. Utilizando-se do poder computacional para encontrar informações até então desconhecidas de um banco de dados, seu papel seria fazer o tratamento, a análise e as conexões não lineares com uma massa muito grande de dados, transformando-os em informações mais significativas. Além disso, é papel do *data mining* identificar tendências, ou seja, correlações entre diversas variáveis de um universo, permitindo descobrir informações novas e extrair mais valor dos dados contidos no *data warehouse* e no banco de dados.

Um dos desejos de todo executivo preocupado com o futuro da organização é possuir, sempre que necessário, o maior número possível de informações para tomar suas decisões de forma mais sábia possível. Algumas informações que interessam aos executivos — o que pensam seus clientes, como anda a concorrência, as flutuações do mercado, as variações dos estoques, o movimento do dinheiro — e as técnicas de data mining ajudam a encontrar respostas a estes questionamentos. Com o *data mining* é possível vasculhar grandes bases de dados em busca de informações que ajudam a organização a decifrar o comportamento do consumidor, a compra de suprimentos ou ainda administrar áreas comercial e financeira de forma transparente.

Antes de implantar o *data mining* em uma empresa, é preciso possuir as informações organizadas. De nada adianta investir em sistemas de *data mining* se os números da empresa estão espalhados ou se existem duas ou mais versões para faturamento ou vendas.

Uma maneira de realizar a organização das informações antes de iniciar o projeto de *data mining* é montar na empresa um *data warehouse*. Depois que as informações já estiverem arrumadas e acessíveis, ou seja, em um *data warehouse*, a empresa poderá partir para a implantação do *data mining*, que utiliza algoritmos matemáticos que têm como objetivo procurar relações entre dados, formando subgrupos de informações que tenham alguma afinidade entre si.

A extração dessas informações a partir de um grande banco de dados ajuda as organizações a possuírem informações necessárias para efetuarem decisões cruciais.

A criação de um *data warehouse* requer tempo, dinheiro e esforço gerencial considerável. Muitas empresas ingressam em um projeto de *data warehouse* focando as necessidades especiais de um pequeno grupo dentro da organização. Esses pequenos armazenamentos de dados são chamados de *data mart*. Um *data mart* é um pequeno *data warehouse* que fornece suporte à decisão de um pequeno grupo de pessoas.

Os *data marts* podem servir como veículo de teste para empresas que desejam explorar os benefícios do *data warehouse*.

Algumas organizações utilizam o *data mart* em vez do *data warehouse* por diversos motivos, como custo mais baixo, menor tempo de implementação e também por causa dos correntes avanços tecnológicos.

É importante ressaltar que as diferenças entre *data mart* e *data warehouse* são apenas com relação ao tamanho e ao escopo do problema a ser resolvido. Sendo assim, as definições dos problemas e os requisitos de dados são praticamente os mesmos para ambos. Enquanto um *data mart* trata de problemas departamentais ou locais, um *data warehouse* envolve o esforço de toda a empresa para que o suporte a decisões atue em todos os níveis da organização.

3.5 Pesquisa de Mercado

O processo de pesquisa de mercado consiste na definição do problema e dos objetivos de pesquisa, desenvolvimento do plano de pesquisa, coleta de informações, análise das informações e apresentação dos resultados para a administração.

> A pesquisa de marketing fornece informações a respeito de consumidores, membros de canais, concorrentes, mudanças e tendências de mercado e outros aspectos do ambiente da empresa. (MALHOTRA, 2001, p. 61)

Sua finalidade é avaliar necessidade de informações e provê-las de forma a melhorar a tomada de decisão de marketing. Quando realizada corretamente, a pesquisa de mercado oferece informações consistentes, que, somadas à experiência e ao sentimento do gestor, tornam o processo decisório mais rico e preciso (Figura 3.2). Ações como visitar a concorrência para verificar os pontos fortes e fracos, ouvir reclamações de clientes ou mesmo observar como os consumidores se comportam no ponto de venda são importantes fontes de informações, muitas vezes desprezadas.

Figura 3.2

O objeto de estudo da pesquisa de mercado

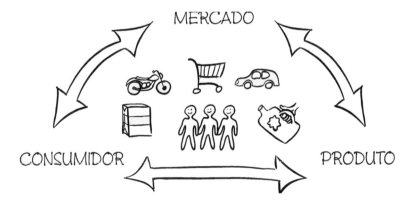

A empresa deve recorrer às pesquisas sempre que tiver que tomar decisões de marketing importantes, tais como:

- expandir a área geográfica de atuação da empresa;
- entrar em novos segmentos de mercado;
- lançar ou aperfeiçoar produtos e serviços;
- dimensionar a equipe de vendas;
- credenciar revendedores ou distribuidores;
- escolher uma melhor estratégia de distribuição;
- definir qualidade e variedade dos produtos e serviços a serem comercializados;
- definir os meios de comunicação mais adequados;
- ajustar a política de preços;
- posicionar e diferenciar produtos, serviços e marcas;
- identificar oportunidades para o desenvolvimento de novos negócios ou ameaças para negócios atuais.

Figura 3.3

Erros comuns em relação à pesquisa de mercado

Um erro muito comum...

Um erro muito comum e grave é acreditar que a pesquisa de mercado sozinha é suficiente para avaliar a viabilidade de um negócio. O instrumento completo de análise de viabilidade é o plano de negócios, que necessariamente contém uma pesquisa. A pesquisa é insuficiente, pois oferece apenas informações sobre o mercado, e não sobre o modelo de negócios a ser implantado.

A principal razão para uma organização adotar a pesquisa de mercado é a descoberta de uma oportunidade de mercado ou a administração das atividades de marketing. Uma vez com a pesquisa concluída, a empresa deve avaliar cuidadosamente suas oportunidades e decidir em quais mercados entrar. Os profissionais de marketing dependem ainda da pesquisa de mercado para determinar aquilo que os consumidores querem e quanto estão dispostos a pagar. Eles esperam que esse processo lhes confira uma vantagem competitiva sustentável.

Em face do seu grande crescimento, com o decorrer dos anos, a pesquisa de mercado passou a receber muita importância, tanto por parte de acadêmicos como de profissionais de um modo geral. Associações como a americana *Association for Consumer Research* e a européia *Esomar — European Opinion Public and Marketing Research* (www.esomar.nl) —, bem como importantes periódicos, a exemplo do *Journal of Consumer Research*, foram criados especificamente para a divulgação de trabalhos e avanços nessa área.

Verifica-se que diferentes classificações de pesquisa têm sido adotadas pelos diversos autores desse campo. Para alguns a pesquisa possui poucas classificações; para outros constitui algo mais complexo e extenso, que envolve a terapêutica de variáveis. Segundo Mattar (1999), muitas dessas classificações utilizam variáveis de classificação que não podem ser usadas simultaneamente. Desse modo, diferentes classificações podem ser obtidas empregando-se diferentes variáveis.

A multiplicidade de pesquisas pode ser classificada quanto: (a) à natureza das variáveis pesquisadas; (b) à natureza do relacionamento entre as variáveis estudadas; (c) ao objetivo e ao grau em que o problema de pesquisa está cristalizado; (d) à forma utilizada para a coleta de dados primários; (e) ao escopo da pesquisa em termos de amplitude e profundidade; (f) à dimensão da pesquisa no tempo; (g) à possibilidade de controle sobre as variáveis em estudo; e (h) ao ambiente de pesquisa.

Não se discutirá neste livro cada uma dessas classificações de pesquisa. Serão focados apenas os tipos de estudos mais empregados em marketing, a saber: o estudo exploratório, o descritivo e o experimental, dado que são os mais utilizados pelos profissionais.

- *Estudo exploratório*: visa proporcionar ao pesquisador uma maior familiaridade com o problema. Esse esforço tem como meta tornar um problema complexo mais explícito ou mesmo construir hipóteses mais adequadas. Para Malhotra (2001), o objetivo principal é possibilitar a compreensão do problema enfrentado pelo pesquisador. O estudo exploratório é usado em casos nos quais é necessário definir o problema com maior precisão e identificar cursos relevantes de ação ou obter dados adicionais antes que se possa desenvolver uma abordagem. Como o nome sugere, o estudo exploratório procura explorar um problema ou uma situação para prover critérios e compreensão. O estudo exploratório utiliza métodos bastante amplos e versáteis, que compreendem: levantamentos em fontes secundárias (bibliográficas, documentais, etc.), levantamentos de experiência, estudos de casos selecionados e observação informal (a olho nu ou de forma mecânica);
- *estudo descritivo*: objetiva conhecer e interpretar a realidade sem nela interferir para modificá-la. Muitas das pesquisas de marketing realizadas são de caráter conclusivo descritivo. Pode-se dizer que ela está interessada em descobrir e observar fenômenos, procurando descrevê-los, classificá-los e interpretá-los. Além disso, ela pode se interessar pelas relações entre variáveis e, dessa forma, aproximar-se dos estudos experimentais. O estudo descritivo expõe as características de determinada população ou de determinado fenômeno, mas não tem o compromisso de explicar os fenômenos que descreve, embora sirva de base para tal explicação. Normalmente se baseia em amostras grandes e representativas. O formato básico de trabalho é o levantamento (*survey*). Os estudos mais utilizados nesse tipo de pesquisa são o longitudinal (coleta de informações ao longo do tempo) e o transversal (coleta de informações somente uma vez no tempo). Os estudos descritivos compreendem grande

número de métodos de coleta de dados, os quais compreendem entrevistas pessoais, entrevistas por telefone, questionários pelo correio, questionários pessoais e observação;
- *estudo experimental*: manipula-se deliberadamente algum aspecto da realidade. É usado para obter evidências de relações de causa e efeito. A causalidade pode ser inferida quando entre duas ou mais variáveis houver variação concomitante, ordem de ocorrência correta das variáveis no tempo e quando os outros possíveis fatores causais forem eliminados (MATTAR, 1999). O estudo experimental pretende mostrar de que modo ou por que o fenômeno é produzido. A formatação padrão desse tipo de trabalho é a experimental. Um experimento é um projeto de pesquisa que envolve a manipulação de uma ou mais variáveis, enquanto outras são mantidas constantes, e a medição dos resultados.

Constata-se, assim, que cada estudo possui sua metodologia em razão de particularidade. Podemos ainda dividir as pesquisas pela característica metodológica. Quanto à metodologia empregada, a pesquisa de mercado faz uso principalmente de dois tipos de métodos:

- *pesquisa de mercado qualitativa*: normalmente usada para pequenos números de entrevistados — não generalizável para toda a população, ou seja, a amostra[20] estatística e nível de confiança não são calculados. Exemplos desse tipo de método são os *focus groups*[21], entrevistas em profundidade, e técnicas de projeção.

---

[20] Amostra é um subconjunto ou parte de uma população ou universo, com as mesmas características dessa população da qual foi retirada.

[21] *Focus group* ou em português "discussões de grupo" é uma técnica utilizada na pesquisa de mercado qualitativa, na qual se emprega a discussão moderada entre 8 e 12 participantes. Discussões de grupo costumam durar entre uma hora e meia a duas horas e devem ser coordenadas por um moderador experiente. Os *focus groups* são usados nos temas mais diversos. Frequentemente, são usados em testes da publicidade, testes de conceito e como pré-fase de estudos quantitativos maiores.

- *pesquisa de mercado quantitativa*: geralmente usada para tirar conclusões (testar uma hipótese específica), usa técnicas de amostra por forma para poder fazer inferências a partir da amostra para a totalidade da população. Envolve, geralmente, um grande número de entrevistados. Exemplos: inquéritos estatísticos e questionários.

Muitas vezes os pesquisadores usam mais do que uma técnica. Eles podem começar com pesquisa secundária para obter informação básica e depois conduzir um *focus group* (pesquisa de mercado qualitativa) para explorar os assuntos. Finalmente, podem fazer um inquérito de âmbito nacional (pesquisa de mercado quantitativa) de forma a orientar recomendações específicas para o cliente.

Pesquisa de Discussão em Grupo (*Focus Group*)

Pesquisa qualitativa de caráter exploratório de um segmento do mercado (grupo de consumidores) com vistas à obtenção de dados sobre sua opinião, comportamento, percepções, etc., sobre um assunto, problema, produto ou serviço. Sob a condução de um moderador, um grupo de 7 a 10 pessoas escolhidas por suas características pré-determinadas (classe, idade, sexo, escolaridade, etc.) e/ou específicas de um assunto (como posse da coisa ou experiência com o produto/serviço) se reúnem para discutir um assunto em foco. Essa discussão é observada e registrada. A pesquisa com vários grupos permite, após análise dos resumos das discussões, chegar a conclusões utilizáveis mercadologicamente; cobre tudo como base para estudos quantitativos posteriores (IAPESQUISA, 2006).

3.5.1 Pesquisa de Mercado: Qualitativa

A pesquisa de mercado qualitativa é um conjunto de técnicas usadas em marketing e nas ciências sociais, pelas quais são obtidos dados de um número relativamente pequeno de respondentes, os quais não são analisados com técnicas estatísticas. Isto a diferencia da pesquisa de mercado quantitativa, na qual um grande número de respondentes fornece os dados que são analisados estatisticamente. Os *focus groups* são um exemplo desse conjunto de técnicas.

Os métodos de pesquisa qualitativos são usados primeiramente como um pré-requisito à pesquisa quantitativa. Eles são utilizados para definir um problema, gerar hipóteses, identificar determinantes e desenvolver meios de pesquisa quantitativa. Por causa do baixo número de entrevistados envolvidos, esses métodos de pesquisa exploratórios não podem ser usados para generalizar para toda a população (amostra representativa). No entanto são muito úteis para explorar um assunto e usados em grande escala. Em determinadas situações, os métodos qualitativos podem ser mais eficazes do que os métodos quantitativos, por exemplo quando utilizados para medir os impulsos afetivos e as motivações de compra.

A maioria dos métodos qualitativos usa uma filosofia direta: revelam abertamente os fins do estudo e a organização que o financia. As questões são diretas e concisas. No entanto, várias técnicas também qualitativas usam uma filosofia indireta: o verdadeiro objetivo é mantido em segredo, seja ao afirmar um objetivo falso ou omitindo qualquer referência a ele. Alguns pesquisadores têm as suas reservas éticas quanto a esta filosofia. Os pesquisadores que a utilizam consideram que ela fornece respostas mais honestas e corretas. Se este método é usado, todos os entrevistados devem ser esclarecidos no final das entrevistas sobre o verdadeiro objetivo da pesquisa e deve ser explicado o motivo pelo qual houve esta política.

3.5.2 Pesquisa de Mercado: Quantitativa

A pesquisa de mercado quantitativa é um método de pesquisa social que utiliza técnicas estatísticas. Normalmente implica a construção de inquéritos[22] por questionário. Normalmente são contatadas muitas pessoas. Os profissionais de marketing usam a informação assim obtida para desenhar estratégias e planos de marketing.

A pesquisa quantitativa é um estudo estatístico que se destina a descrever as características de uma determinada situação, medindo numericamente as hipóteses levantadas a respeito de um problema de pesquisa.

Esse tipo de pesquisa visa confirmar se os dados mensuráveis obtidos numa amostra são estatisticamente válidos para o universo do qual a amostra foi retirada.

Existem duas variações básicas de tipos de pesquisas quantitativas:

- *censitária*: na qual todos ou o maior número de indivíduos devem ser pesquisados;
- *probabilística*: na qual todos os elementos do conjunto possuem a mesma chance de serem entrevistados.

A amostra, por sua vez, é um subconjunto — representativo ou não — da população em estudo. Essa representatividade da amostra, que é uma propriedade altamente desejada em estatística, ocorre quando ela apresenta as mesmas características gerais da população da qual foi extraída.

Utilizando outras palavras, como fazemos para medir a probabilidade da água de um lago (universo)? Temos de coletar e analisar toda a água do lago? A resposta é não!

A coleta e análise de toda a água do lago levaria muito tempo, resultando, dentre outros fatores, na demanda de muito trabalho e consequentemente um alto custo para sua realização.

---

[22] Os inquéritos estatísticos são usados para recolher informação quantitativa para alimentar as estratégias de marketing, sondagens políticas, e pesquisa nas ciências sociais. Um inquérito pode incidir sobre opiniões ou informação sobre fatos dependendo do seu objetivo, mas todos os inquéritos envolvem a apresentação de perguntas a indivíduos. Quando as perguntas são colocadas por um pesquisador, o inquérito é chamado de entrevista ou inquérito ministrado por um pesquisador. Quando as questões são administradas pelo entrevistado, o inquérito é referido por questionário ou um inquérito autoadministrado.

A solução para medir se a água desse lago é potável ou não está inserida no conceito de amostragem.

Para isso devemos coletar amostras de água de diferentes lugares do lago, em diversas profundidades, para que possamos concluir se sua água é potável ou não.

Amostragens probabilísticas:

- *amostragem aleatória*: é o procedimento básico da amostragem científica. Consiste em atribuir a cada elemento da população um número único para depois selecionar alguns desses elementos de forma casual. Pode-se utilizar, por exemplo, tábuas de números aleatórios, a fim de realmente garantir a casualidade da escolha;
- *amostragem sistemática*: é uma variação da amostragem aleatória. Sua aplicação requer que a população seja ordenada de tal modo que cada um de seus elementos possa ser identificado pela sua posição. Apresenta condições para satisfação desse requisito uma população identificada a partir de uma listagem de clientes, por exemplo;
- *amostragem estratificada*: caracteriza-se pela seleção de uma amostra de cada subgrupo da população considerada, por exemplo: sexo, idade, classe social, etc. Esse tipo de amostragem tem como principal vantagem o fato de assegurar a representatividade do universo a ser pesquisado;
- *amostragem por conglomerado*: a amostragem por conglomerado é indicada em situações em que é bastante difícil a identificação de seus elementos. É o caso, por exemplo, da população constituída por todos os habitantes de uma cidade. Em casos desse tipo é possível proceder a seleção da amostra a partir de conglomerados, isto é, quarteirões, casas, famílias, etc.;
- *amostragem por etapas*: é pouco utilizada em pesquisa de mercado porque a adoção dessa modalidade pressupõe uma homogeneidade das unidades, o que nem sempre ocorre na realidade. Pode ser utilizada quando a população compõe-se de unidades distribuídas em diversos estágios. Por exemplo, se vamos

pesquisar a população de um país, selecionamos primeiro a população de estados, cidades, etc., sucessivamente, até chegarmos às pessoas a serem entrevistadas.

Amostragens não probabilísticas:

- *amostragem por acessibilidade*: constitui a menos rigorosa de todas as amostragens, por isso mesmo é destituída de qualquer rigor estatístico. O pesquisador seleciona os elementos para compor a amostra. Aplica-se esse tipo de amostragem em estudos exploratórios ou qualitativos em que não é requerido elevado nível de precisão;
- *amostragem por tipicidade*: constitui-se em selecionar um subgrupo da população que, com base nas informações disponíveis, possa ser representativo de toda a população. A principal vantagem é o baixo custo de sua seleção, entretanto requer considerável conhecimento da população e do subgrupo selecionado, o que pode comprometer a representatividade da amostra;
- *amostragem por cotas*: amplamente utilizada em pesquisa social e de mercado, esse procedimento é usualmente aplicado em levantamentos de mercado e em prévias eleitorais. Tem como principal vantagem o baixo custo e o fato de conferir alguma estratificação à amostra. Dentre as amostragens não probabilísticas, é a que apresenta maior rigor estatístico. Consiste em classificar a população em função das propriedades relevantes para o estudo, determinar a proporção da população a ser pesquisada e determinar uma cota a cada pesquisador.

As etapas de um projeto de pesquisa quantitativa são:

1. a primeira é a identificação do problema, saber para que vai ser feita a pesquisa. Trata-se de uma etapa difícil, porque, muitas vezes, a empresa ainda não definiu claramente o problema mercadológico, ou apenas tem uma vaga ideia;
2. a segunda, o planejamento da pesquisa; que métodos usar, formas de coleta de dados, como captar, tabular, analisar e interpretar para chegar aos resultados;

3. a terceira é a execução, ir a campo, recolher as informações, processá-las e tabulá-las. Após a execução, vem a parte final que é a da análise: interpretar, emitir relatórios e publicar as conclusões.

Em termos de questões técnicas, os pesquisadores precisam se certificar de que a concepção de pesquisa a ser utilizada proverá a organização das informações necessárias para a resolução ou pelo menos para a diminuição de seu problema. Assim, a melhor relação custo-benefício em pesquisa talvez não esteja no gastar menos ou em utilizar menos material, mas sim no revelar mais, no utilizar *muito* o pouco que se tenha revelado. A temática sistema de informação mercadológica é ampla e mutante. Cada vez mais será considerada importante por parte de empresas e pesquisadores.

A cada dia que passa surgem novas técnicas para analisar o mercado e o comportamento do consumidor, como é o caso do Neuromarketing.

3.6 Neuromarketing: o Limite da Ética no Marketing

O Neuromarketing ainda é um campo novo e controverso do marketing que une os avanços da medicina para entender o comportamento do consumidor e assim vender produtos. Essa ferramenta apropria-se de tecnologias utilizadas na Neuromedicina, tais como a imagem de ressonância magnética (IRM) e da Psicologia, não aplicada ao doente, mas no consumidor/cliente com a finalidade de conhecer suas reações e atitudes mediante a exposição a uma marca ou comercialização de um produto ou serviço, para assim poder influenciá-lo, persuadi-lo.

Tem-se notícia (não oficialmente) que essas pesquisas tiveram início em 2002 por empresas de pesquisa de mercado nos Estados Unidos, permitindo que os pesquisadores observassem a atividade do cérebro humano enquanto a pessoa pensa ou é exposta a uma marca, um produto ou serviço, permitindo que se verifique onde aqueles pensamentos ou respostas ocorrem. Para um profissional de marketing esses conhecimentos profundos das reações do consumidor podem se transformar na fórmula mágica e exata para levar o consumidor a uma atitude desejada pelas organizações.

No entanto, muitos aspectos relacionados a esse tema continuam obscuros, dando margem a interpretações dúbias. Algumas perguntas ficam abertas, como: é ética essa atitude por parte das organizações? Como fazer o controle? Até que ponto o consumidor estaria sendo transformado em uma espécie de zumbi?

Existem vários alertas de instituições de ensino e pesquisa sobre os perigos do uso dessa ferramenta pelas organizações comerciais, ou seja, aquelas que objetivam o lucro.

O risco está nas empresas começarem a investigar nossos cérebros, mapeando as atividades neurais ocorridas no processo de escolha de uma marca, um produto ou um serviço. Dessa forma, as organizações teriam o conhecimento necessário para desenvolver ações de marketing que tivessem como foco disparar a atividade neural, para modificar nosso comportamento e servir a seus próprios objetivos.

O estudo sobre as atividades relacionadas ao Neuromarketing ainda é tratado de forma encoberta, ou seja, não se têm notícias oficiais sobre os avanços dessas pesquisas pelas organizações comerciais. Aparentemente no Brasil, ainda persiste grande desconhecimento a respeito do Neuromarketing, particularmente nos meios empresariais privados.

Isso é algo sério, pois atinge diretamente a natureza do livre arbítrio da sociedade, da ética e da responsabilidade social das organizações. Imaginem se esse conceito começa a ser utilizado pelas indústrias de álcool ou cigarros? Os profissionais envolvidos nessas pesquisas negam que o conhecimento do consumidor mediante o neuromarketing possa modificar o comportamento, servindo apenas como mais um estudo de mercado.

A ânsia de ver o que não é para ser visto, de fazer o que não é para ser feito e de bisbilhotar os segredos que estão protegidos pode ser uma coisa perigosa e pode resultar prejuízos à sociedade.

Outras técnicas de pesquisa, como *autodriving*, deixaram de ser abordadas neste trabalho, bem como o comportamento ético dos pesquisadores, tipos de pesquisa utilizados na internet, telefone, ou videoconferência, seu atual crescimento, e poder no contexto nacional, além de pesquisas entre países e diferentes culturas (*cross--country*), ficando como sugestões para investigações futuras.

Referências do Capítulo

Brown, S. A. *CRM: uma ferramenta estratégica para o mundo e-business*. São Paulo, Makron Books, 2001.

Bretzke, M. *Marketing de relacionamento e competição em tempo real com CRM (customer relationship management)*. São Paulo, Atlas, 2000.

Chiavenato, I. *Planejamento Estratégico: fundamentos e aplicações*. Rio de Janeiro, Elsevier, 2003.

Churchill Jr., G. A; Peter, J. P. *Marketing: criando valor para os clientes*. São Paulo, Saraiva, 2000.

Drucker, P. F. *Inovação e espírito empreendedor*. São Paulo, Pioneira Thomson, 2003.

Hughes, A. M. *Database Marketing estratégico*. São Paulo, Makron Books, 1998.

Inmon, W. H. *Gerenciando o Data Warehouse*. São Paulo, Makron Books, 1999.

Interação. Glossário. In: *INTERAÇÃO*. Disponível em: <http://www.iapesquisa.com.br/glossario.html>. Acesso em: 10 out. 2006.

Kotler, P. *Marketing para o século XXI: como criar, conquistar e dominar mercados*. 13. ed. Tradução Bazán Tecnologia e Lingüística. São Paulo, Futura, 1999.

Kotler, P. *Administração de Marketing*. São Paulo, Prentice Hall, 2000.

Lewis, B. R.; Littler, D. (org.). *Dicionário enciclopédico de marketing*. São Paulo, Atlas, 2001.

Lopes Filho, L. S. *Marketing de vantagem competitiva*. São Paulo, Saraiva, 2006.

Macdonald, M. *Plano de marketing: planejamento e gestão estratégica: como criar e implementar*. Rio de Janeiro, Elsevier, 2004.

Malhotra, N. *Pesquisa de Marketing: uma orientação aplicada*. 3. ed. Porto Alegre, Bookman, 2001.

MATTAR, F. N. *Pesquisa de marketing: metodologia e planejamento*. 5. ed. São Paulo, Atlas, 1999.

_____. *Pesquisa de marketing*. 2. ed. São Paulo, Atlas, 1995.

MYLIUS, M. *Business Intelligence: mais fácil do que você imagina*. São Paulo, Edições Inteligentes, 2004.

NEWELL, F.. *Fidelidade.com*. São Paulo: Makron Books, 2000.

PEPPERS, D.; ROGERS, M. *CRM Séries Marketing 1 a 1: um guia executivo para entender e implantar estratégias de customer relationship management*. São Paulo, Pepper and Roger Group Brasil, 2000.

PORTER, M. *Vantagem Competitiva: criando e sustentando um desempenho superior*. Rio de Janeiro, Elsevier, 1989.

_____. *Estratégia Competitiva: técnicas para análise de indústrias e da concorrência*. Rio de Janeiro, Campus, 1986.

SAMARA, B. S. *Pesquisa de Marketing: conceitos e estratégias*. 4. ed. São Paulo, Prentice Hall, 2007.

SERRA, L. *A essência do Business Intelligence*. São Paulo, Berkley, 2002.

STONE, M. *CRM: marketing de relacionamento com os clientes*. São Paulo, Futura, 2001.

WALTER, A. A. *Planejamento empresarial: controle frente à competitividade*. São Paulo, USP, 2000.

WESTWOOD, J. *O plano de marketing: Guia Prático*. 2. ed., São Paulo, Markron, 1989.

ZENONE, L. C. *Marketing da Gestão & Tecnologia*. São Paulo, Futura, 2003.

Capítulo 4
Comportamento do Consumidor

É fundamental que os gestores organizacionais aprofundem seus estudos e conhecimentos a respeito das ciências comportamentais para compreender os consumidores e seus comportamentos, tanto no ato do planejamento da compra quanto na compra propriamente dita e no pós-compra.

> No mundo do Velho Consumidor, todo aspecto importante de uma transação, desde o preço pago até os canais de distribuição disponíveis, foi ditado pelos fabricantes e fornecedores. Na Nova Economia, o poder passa cada vez mais aos consumidores, que são progressivamente mais capazes de escolher não só o que compram, como também como e onde essas compras são feitas – e até mesmo, no caso de alguns produtos, decidir o quanto estão dispostos a pagar por eles. (LEWIS; BRIDGES, 2004, p. 2)

Em mercados competitivos, todos os esforços de marketing dirigem-se ao consumidor na busca de soluções que satisfaçam suas necessidades e desejos. Daí a importância do entendimento do comportamento do consumidor. Para o planejamento e a execução de ações de marketing eficientes faz-se necessário recolher informação sobre seu comportamento e criar explicações sobre suas expectativas, bem como previsões sobre seu comportamento futuro.

Segundo Kotler (2000, p. 182), "o campo do comportamento do consumidor estuda como pessoas selecionam, compram, usam e descartam artigos, serviços, ideias ou experiências para satisfazer suas necessidades e desejos". Entender o comportamento do consumidor é fundamental para que as empresas decidam o seu Composto de Marketing, ou seja os quatro Ps: Produto, Preço, Ponto de Venda (distribuição) e Promoção (Comunicação). Ainda segundo Kotler, estudar o cliente fornece pistas para o desenvolvimento de novos produtos, características de produtos, preços, canais de distribuição, mensagens e outros elementos do composto de marketing.

Ter o consumidor como centro e ponto de partida significa uma mudança no eixo decisório das empresas. Nota-se que "[...] cada vez mais se exige como capacidade competitiva que a empresa ofereça produtos e serviços que vão ao encontro das expectativas do cliente" (GIGLIO, 2002, p. 38). É ele quem acaba mostrando os possíveis rumos da empresa. De nada adianta, por exemplo, um fabricante de bebidas insistir em uma embalagem de vidro se os consumidores dão preferência para embalagens descartáveis. É fundamental que se esteja sempre buscando novas formas de satisfazer o consumidor.

Dessa forma, é necessário que as empresas busquem conhecer a fundo os seus clientes. Referindo-se ao cliente, Giglio (2002, p. 39) afirma: "devemos conhecê-lo com o maior grau de detalhamento possível, bem como sua família, seus costumes, as regras sociais que o cercam, as leis do seu grupo e a inter-relação entre esses níveis". Não é por acaso que o Marketing de Relacionamento está tão em voga. Por meio dos bancos de dados é possível coletar detalhes dos clientes e assim se comunicar com eles no momento certo e com os produtos certos.

A orientação para o cliente põe em relevo o comportamento do consumidor como centro de pesquisas e atenção. É somente mediante o acompanhamento constante dos clientes e da flexibilidade para atendê-los que as empresas poderão oferecer valor para seus clientes e garantir sua permanência em um mercado cada vez mais competitivo.

4.1 Entendendo o Comportamento do Consumidor

Pode-se entender que o comportamento do consumidor "são as atividades diretamente envolvidas em obter, consumir e dispor de produtos e serviços, incluindo os processos decisórios que antecedem e sucedem estas ações" (ENGEL; BLACKWELL; MINIARD, 2000, p. 4).

O ponto de partida para poder compreender o comportamento do consumidor é analisar o modelo de estímulo e resposta, como na Figura 4.1. Os estímulos ambientais (macro e microambiente) e principalmente os de marketing desenvolvidos pela empresa atuam no consciente do comprador (cliente), assim as diversas características pessoais do consumidor e seus processos de decisão levam a certas decisões de compra (preferencialmente aquelas favoráveis ao produto ou serviço). A tarefa do gestor de marketing ou profissional ligado à área de comunicação em marketing (tanto da empresa como da agência de comunicação) é entender como o consumidor realiza o processo de compra em seu consciente (desde a chegada do estímulo externo até a decisão de compra), para assim desenvolver estratégias que influenciem o processo de tomada de decisão (GOLDSTEIN; ALMEIDA, 2000) favoravelmente para seu produto/serviço — ou favoravelmente para a compra.

Figura 4.1

Modelo proposto de Estímulo-Resposta

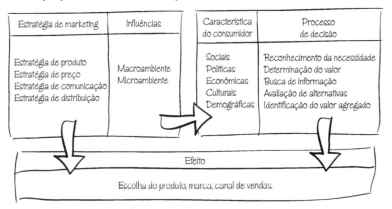

Fonte: Adaptado de Kotler (2000).

A fundamentação e análise do comportamento do consumidor tiveram suas raízes iniciais na teoria econômica e mais tarde na teoria do marketing. Seu conteúdo e metodologia são moldados pelas seguintes considerações essenciais: (1) os fatores que mudam uma economia, de impulsionada por produção para impulsionada pelo mercado, e (2) o nível de sofisticação no qual o comportamento humano é entendido pela Psicologia, Antropologia e outras ciências do comportamento. Com o passar do tempo a economia se move de uma maneira espantosa, e o aumento de imprevisibilidade pelo comportamento humano torna-se um novo problema para as investigações da ciência do comportamento e para o marketing.

Para Kotler (2000) o propósito do marketing consiste basicamente em satisfazer as necessidades e os desejos dos clientes-alvo. O campo do comportamento do consumidor estuda como as pessoas e organizações selecionam, compram, usam e descartam artigos, serviços, ideias ou experiências para poder criar estratégias que visem satisfazer estas necessidades e desejos, sua fundamentação básica para realizar estes estudos partiu da pesquisa de marketing. Assim é inegável sua estreita relação do conceito sobre o comportamento do consumidor e o marketing.

Mas entender o comportamento do consumidor e conhecer as necessidades dos clientes não são tarefas simples de se realizar. A empresa necessita empregar diversos recursos como materiais, financeiros e humanos para compreender este comportamento que se altera constantemente.

Os clientes normalmente dizem uma coisa e fazem outra. Eles mesmos podem não ter consciência de suas motivações mais profundas, explicam Schiffman e Kanuk (2000). Podem responder a influências (em sua maioria externas) que os faz mudarem de atitude no último minuto. Assim, influenciar o consumidor a distorcer sua ideia principal de compra (aquisição) para determinado produto ou serviço torna-se um dos principais objetivos das atividades de marketing.

Várias são as áreas nas quais os gestores de marketing podem atuar (ou mais precisamente influenciar) ao estudarem o comportamento do consumidor (Figura 4.2). Entre estas, as mais importantes, são: atitudinal, cultural, étnica, social e status, pessoal, familiar e situacional.

Figura 4.2

Fatores de influência do comportamento do consumidor

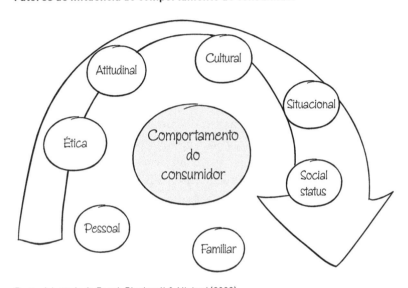

Fonte: Adaptado de Engel, Blackwell & Miniard (2000).

A seguir apresenta-se de forma mais detalhada cada um destes fatores que influenciam o comportamento do consumidor:

- *influências nas atitudes*: pode-se dizer que influenciar as atitudes e os comportamentos dos consumidores é uma das tarefas mais fundamentais, porém mais desafiadoras que as empresas enfrentam (ENGEL; BLACKWELL; MINIARD, 2000). As influências em atitudes ocorrem por meio da persuasão mediante as atividades de "comunicação". A persuasão (ou ato de induzir, convencer) depende das respostas cognitivas

(pensamentos) e afetivas (sentimentos) que ocorrem durante o processamento da mensagem. Tanto as características do consumidor quanto as do produto ou serviço devem ser ponderadas ao se desenvolver uma tática de comunicação (estratégia ou política de comunicação);
- *influência cultural*: a cultura refere-se a um conjunto de valores, ideias, artefatos e outros símbolos significativos que ajudam os indivíduos a se comunicar, a interpretar e a avaliar como membros da sociedade. Para Boone e Kurtz (1998, p. 168), ela é definida como "[...] valores, crenças, preferências e gostos passados de uma geração para outra". Nela incluem-se elementos tanto abstratos (valores, atitudes, ideias, personalidade) como materiais (livros, computadores, produtos). A cultura tem um impacto profundo na maneira como os consumidores se percebem, nos produtos ou serviços que compram e usam, nos processos de compra e nas organizações das quais compram. Existe um mercado potencial para diversas culturas existentes como as japonesas, americanas, asiáticas. Os gestores de marketing devem estar atentos aos padrões e potencialidade de consumo destes grupos;
- *influências étnicas*: são as culturas negra ou afro-americana, asiático-americana, hispânica ou latina e franco-canadense e, por fim, as sociedades multinacionais que envolvem a cultura nativa americana, grupos de outras nacionalidades, étnicos e religiosos. Etnia é um processo que pode ser definido objetivamente com base nas características socioculturais, ou subjetivamente com base na identificação que uma pessoa faz de si e de outros. A etnografia de grupos de consumidores busca mapear as motivações de compra a partir da tríade indivíduos-grupos de referência-produtos (JAIME JR., 2001). Engel, Blackwell e Miniard (2000) citam que os padrões étnicos são as normas e valores de grupos específicos ou microculturas. Assim, a etnia consiste em um processo de identificação de grupo pelo qual as pessoas usam rótulos étnicos para definir a si mesmas e a outros;

- *influência social e status*: classes sociais são basicamente agrupamentos relativamente permanentes e homogêneos de pessoas na sociedade, permitindo que grupos de pessoas sejam comparados uns aos outros (SCHIFFMAN; KANUK, 2000). Esses grupos são reconhecidos como tendo posições inferiores ou superiores por outras pessoas, geralmente com base em posição econômica do mercado. Esse conceito de classe social implica uma hierarquia em que os indivíduos na mesma classe geralmente têm o mesmo grau de status, enquanto os membros de outras classes têm status maior ou menor. Podemos dizer que a classe social é determinada por três tipos de variáveis: econômica, de interação e política, assim, cada grupo exibe valores e comportamentos característicos que são úteis para que analistas do consumidor elaborem programas eficientes de marketing. Para esses analistas, alguns determinantes são: ocupação, desempenho pessoal, interações, posses, orientações de valor e consciência de classe.
- *influência pessoal*: um grupo de referência é qualquer pessoa ou grupo de pessoas que influencia, significativamente, o comportamento de um indivíduo. De forte foco pelas organizações está a influência pelo lado social. Grupos de referência são qualquer tipo de agregação social que pode influenciar atitudes e comportamentos. Um dos maiores grupos de referência são os *new bikers* com suas Harley Davidson, uma vez que o consumo destes produtos — motos, jaquetas, calças, blusas, etc. — chega a milhões de dólares por ano; outros grupos de referência ou tribos (skatistas, surfistas, grupos de rock, esportes radicais, equipes de esportes olímpicos, etc.) também não devem ser descartados por gestores e estrategistas. Quanto maior a credibilidade do influenciador do grupo, maior seu impacto influenciador sobre as outras pessoas. Esses líderes liberam suas próprias experiências e acabam induzindo novos usuários à utilização dos produtos. O marketing pode capitalizar recursos negativos e positivos por meio da influência pessoal ao *monitorar* o boca a boca e tentar controlá-lo quando for negativo, utilizando-se assim de um sistema defensor;

- *influência familiar e do domicílio*: podemos definir por família um grupo de duas ou mais pessoas relacionadas por sangue. Nos estudos sobre o ambiente familiar são verificadas as características, ou seja, papéis dos cônjuges (maridos e esposas), emprego, filhos, dentre outros no papel de consumo. O ciclo de vida familiar (recém-casados, meia-idade, idosos) também é um importante item de peso significante para os estrategistas de marketing desenvolverem seus produtos e serviços. Verificamos algumas reportagens destacando que os homens passaram a se ocupar mais com a cozinha e as mulheres com alimentos pré-cozidos e congelados. Os profissionais de marketing devem estar mais interessados nos papéis desempenhados por mulheres, homens e crianças nesse ciclo;
- *influência situacional*: os ambientes físicos e sociais, de tempo, de tarefa e estados antecedentes — academia, clubes, ambiente de trabalho, igrejas, escola de negócios — são as principais características que abrangem uma dada situação de consumo situacional. No comportamento do consumidor, é útil considerar o impacto potencial de fatores ambientais em três áreas principais: situações de comunicação, compra e uso. A eficácia de mensagens de marketing geralmente pode depender do cenário de comunicação.

A cada momento, o campo de comportamento do consumidor irá crescer mais e mais. Saber conhecê-lo torna-se uma importante questão de sobrevivência por parte dos estrategistas e profissionais da área, até mesmo para gestores tomarem melhores decisões em estratégia de marketing. Identificar e compreender antecipadamente uma ação humana facilita a organização em desenvolver futuros trabalhos de monitoração, persuasão e ação que visem o principal objetivo do marketing: satisfação e fidelização. No dia a dia, esse conjunto de influências se mistura, o que torna complexa a identificação.

A pesquisa do comportamento do consumidor tornou-se uma atividade importante para o marketing. Em resumo, em sua forma

> **Comportamento do Consumidor**
>
> Quando o marketing visa conhecer mais a fundo estas necessidades do consumidor (seu cliente), através do processo conhecido como a *pesquisa do consumidor*, são encontradas diferentes áreas que sofrem maior ou menor influência pelo marketing e principalmente programas de publicidade, como: Influências Atitudinais, Influências Culturais, Influências Étnicas, Influência Social e Status, Influência Pessoal, Influência Familiar e do Domicílio e Influência Situacional. Saber assaltar cada campo deste com programas individuais é sem dúvida o que propomos para os gestores neste trabalho (SAMARA, 2005, p. 6).

mais básica verificamos que o processo de marketing identifica as necessidades humanas não preenchidas ou não satisfeitas, desenvolve e fornece produtos e serviços planejados para satisfazerem a essas necessidades de modo que agradem os objetivos das empresas e da sociedade (*stakeholders*).

4.2 O Processo de Decisão de Compra

Antes de se iniciar as etapas do processo de decisão de compra do consumidor, é importante destacar que todas as estratégias de marketing devem estar apoiadas em quatro premissas básicas (ENGEL; BLACKWELL; MINIARD, 2000):

1. o consumidor é sempre o ponto mais importante na relação. É ele que tem total capacidade de filtrar todas as tentativas de influência, com o resultado de que tudo que é feito pela empresa deve ser adaptado à motivação e ao comportamento do consumidor;

2. a motivação e o comportamento do consumidor podem ser entendidos simplesmente pela pesquisa de mercado (estudo do comportamento do consumidor). Assim, uma previsão perfeita de sua conduta não é possível, mas resultados estratégicos são melhorados notadamente por meio de pesquisa feita e usada adequadamente (método adequado);
3. o comportamento do consumidor pode ser influenciado por atividade persuasiva (comunicação) que leva seriamente o consumidor como soberano e consciente de suas intenções;
4. a persuasão e a influência do consumidor têm resultados socialmente benéficos desde que salvaguardas legais, éticas e morais restrinjam tentativas de manipulação.

O gestor deve levar em conta na estratégia de marketing o poder do consumidor de decidir quais produtos são melhores para seu consumo, quais são as motivações que o levam a adquirir um produto ou serviço, que comportamento pode ser influenciado pela atividade de marketing e, por fim, que essa influência deve ser no mínimo legal, ética e moral, buscando sempre resguardar os direitos do consumidor.

Segundo Kotler (2000, p. 201), "o consumidor passa por cinco etapas: reconhecimento do problema, busca de informações, avaliação de alternativas, decisão de compra e comportamento pós-compra" (Figura 4.3). O modelo sugere que os consumidores passam sequencialmente por todas as cinco etapas ao comprar um produto, mas isso nem sempre acontece. Kotler cita um exemplo: "uma mulher ao comprar sua marca habitual de creme dental vai direto da necessidade de creme dental (reconhecimento do problema) à decisão de compra, pulando a busca de informações e a avaliação de alternativas".

O modelo de Engel (apud GIGLIO, 2002, p. 106) também apresenta o processo de compra em uma sequência com cinco etapas.

O processo se inicia com a consciência das expectativas. Os dois próximos passos constituem em selecionar estímulos relacionados às expectativas e buscar as alternativas que as satisfaçam. O terceiro passo

Reconhecimento da necessidade

O processo pelo qual os consumidores compram produtos e serviços começa com o reconhecimento de uma necessidade. Esse processo de tomada de decisão começa com o consumidor reconhecendo um problema a ser resolvido ou necessidade a ser satisfeita, sendo provocado por estímulos externos (convite a um casamento, anúncio em rádio) e internos (fome, cansaço, sede) (KOTLER, 2000).

Figura 4.3

Modelo de cinco etapas do processo de compra do consumidor

Fonte: Kotler (2000, p. 201).

é o julgamento sobre o consumo. Se o consumo for aprovado, o próximo passo é a compra propriamente dita. Finalmente, o último passo do consumo é a avaliação pós-compra.

Giglio (2002, p. 6) também observa que os consumidores podem pular etapas afirmando que "com a repetição da compra, criando-se uma rotina, certas etapas acabam sendo simplificadas".

Os dois modelos — de Kotler e Engel —, apesar de algumas peculiaridades, são na essência muito parecidos e se completam. A partir das etapas de decisão de compra alguns passos são importantes dentro da estratégia de marketing das empresas, entre os passos tem-se:

1. verificar as expectativas do consumidor para estimular o início do consumo;

2. seleção de estímulos e construção de alternativas;
3. avaliação das alternativas e julgamento sobre o consumo;
4. o momento da compra;
5. o processo de pós-compra.

Estes passos serão tratados de forma mais detalhada a seguir.

4.2.1 As Expectativas como o Início do Consumo

O início do processo de consumo pode ser entendido mediante as expectativas que cada um tem sobre a vida que gostaria de levar ou então com o reconhecimento de uma necessidade latente.

Kotler (2000, p. 201) entende o reconhecimento de uma necessidade como o início do consumo afirmando que "o processo de compra começa quando o comprador reconhece um problema ou uma necessidade". Segundo Kotler (2000, p. 33), "necessidades descrevem exigências humanas básicas" e completa, "essas necessidades se tornam desejos quando são dirigidas a objetos específicos capazes de satisfazê-las".

A necessidade pode ser provocada por um estímulo interno — como fome, sede, sexo — que quando sobe para o nível de consciência torna-se um impulso. Ou então, pode ser provocada por estímulos externos, quando, por exemplo, uma pessoa se depara com pães fresquinhos em uma padaria, o que estimula sua fome.

Já Giglio (2002) sugere as expectativas como o início do processo de consumo. Ao contrário das necessidades, que remetem à história passada do sujeito, as expectativas remetem ao futuro, sendo os sinais de quais experiências o consumidor anseia. O conceito mais importante na compreensão do comportamento do consumo não é o de desejo ou de necessidades, mas sim de expectativas, que remetem ao futuro.

O reconhecimento de necessidade depende essencialmente de quanta discrepância há entre a situação atual do consumidor (estado real) e situação em que quer estar (estado desejado). Quanto maior for a discrepância, essa necessidade é reconhecida e o contrário torna-se verdadeiro. É claro que reconhecer uma necessidade depende de alguns fatores, como uma necessidade ser importante, estar ao seu alcance e também, no caso, de recursos econômicos.

Para Giglio (2002, p. 112) as expectativas têm três componentes:

- *ideativo*: é o que se espera que aconteça, isto é, qual a ideia central de mudança buscada. São os resultados esperados após o comportamento. Uma propaganda, por exemplo, pode fornecer um componente ideativo. Assim, um curso de especialização pode ter como conteúdo ideativo o resultado de aumento salarial, que foi veiculado por uma propaganda;
- *afetivo*: refere-se ao grau de interesse e afeto colocado no desejo. Assim, uma pessoa ameaçada de perder o emprego porque não está atualizada estará muito mais interessada (terá uma carga afetiva maior) sobre seu comportamento de acabar com a lacuna, do que o dono da empresa que também está fazendo o mesmo curso;
- *operacional*: é o caminho para se realizar a expectativa. No caso do comportamento de consumo é a definição de quais produtos e serviços podem auxiliar na satisfação da expectativa. Podem ocorrer situações em que o consumidor tem uma expectativa (por exemplo, encontrar uma companhia), considera essa realização muito importante (carga afetiva alta), mas não tem definição clara de como realizá-la. Nesses casos cabe aos profissionais de marketing um esforço para associar seus produtos às expectativas dos consumidores.

Giglio (2002, p. 115) conclui que "as expectativas, portanto, constituem o início do processo de consumo. Mesmo as expectativas triviais, como matar a sede, podem ser estudadas na sua constituição ideativa, emotiva e dos produtos que a solucionam".

4.2.2 Seleção de Estímulos e Construção de Alternativas

Depois de tomar consciência de suas expectativas ou necessidades, o consumidor busca os estímulos relacionados e os produtos e serviços capazes de satisfazê-las.

Segundo Giglio (2002, p. 117) "existindo as expectativas, selecionamos os estímulos que com elas se relacionam". Dia e noite as pessoas são colocadas em contato com as quatro fontes de estimulação: corpo, ideias, meio físico e meio social. "A estimulação é tanta que somos obrigados a escolher e selecionar os estímulos que mais nos interessam" (Giglio, 2002, p. 118).

Um exemplo cotidiano é quando uma pessoa está assistindo a um noticiário. A pessoa tem um certo grau de consciência das notícias, ouvindo e vendo, com níveis diferenciados de interesse. De repente uma notícia chama mais a atenção porque, daqueles estímulos que atingiam sua consciência, um deles relacionava-se mais fortemente com algum plano ou expectativa importante de sua vida, adquirindo prioridade sobre os outros. Nesse momento aquele estímulo passa a ser percebido claramente. Perceber é, portanto, um ato de seleção, análise e interpretação dos estímulos com que entramos em contato no fluir de nossa vida.

Kotler (2000, p. 195) explica o fato das pessoas poderem ter diferentes percepções do mesmo objeto por meio de três processos: a atenção seletiva, a distorção seletiva e a retenção seletiva:

- *atenção seletiva*: as pessoas são bombardeadas diariamente com uma infinidade de estímulos. Como nem todos podem ser percebidos, as pessoas prestam atenção a alguns desses estímulos em um processo chamado atenção seletiva;
- *distorção seletiva*: alguns estímulos podem ser percebidos, porém não da forma que os emissores da mensagem pretendiam. O processo da pessoa interpretar erroneamente a mensagem é chamado de distorção seletiva;
- *retenção seletiva*: apenas alguns dos estímulos acabam sendo lembrados. As pessoas têm uma capacidade limitada de memória e dessa forma, por causa da retenção seletiva, apenas algumas informações são efetivamente retidas.

Segundo Kotler (2001, p. 201) "o consumidor interessado tende a buscar mais informações". Depois que o consumidor se torna consciente de uma necessidade, passa a dar atenção a todas as informações que se relacionam a essa necessidade. Quando, por exemplo, uma mulher engravida ela passa a perceber tudo que se relaciona a artigos infantis. Antes provavelmente passavam desapercebidos. Kotler ainda divide as fontes de informação do consumidor em quatro grupos:

- *fontes pessoais*: família, amigos, vizinhos, conhecidos;
- *fontes comerciais*: propaganda, vendedores, representantes, embalagens, mostruários;
- *fontes públicas*: meios de comunicação de massa, organizações de classificação de consumo;
- *fontes experimentais*: manuseio, exame, uso do produto.

De modo geral o consumidor recebe a maior parte de informações de produtos e serviços de fontes comerciais. Mas as fontes pessoais mostram-se mais efetivas. "As fontes comerciais normalmente desempenham uma função informativa, enquanto as fontes pessoais desempenham uma função de avaliação ou legitimação" (KOTLER, 2000, p. 202).

Kotler (2000, p. 202) diz que "por meio da coleta de informações, o consumidor toma conhecimento de marcas concorrentes e seus atributos".

Daí a importância dos gestores de marketing procurarem conhecer quais fontes de informação e quais estímulos são mais eficazes para que o produto ou serviço chegue no conjunto de escolhas do consumidor. Isso é fundamental para a realização de futuras campanhas de comunicação para o público-alvo.

Giglio (2002) chama a atenção para o fato de que a aprendizagem, a memória e o relacionamento influenciam diretamente na composição do conjunto de escolha — leque de opções para compra — do consumidor.

O aprendizado ocorre com a experimentação, porém é mais do que só experimentar. "É necessário que a atividade seja considerada interessante e importante pelo sujeito" (GIGLIO, 2002, p. 130).

Se uma pessoa consome uma refeição vegetariana, por exemplo, mas isso na sua consciência não se relaciona com nada considerado importante, como viver mais tempo, então esse comportamento terá poucas chances de ser repetido.

Uma pessoa estará mais disposta a selecionar um produto ou serviço se puder recordar-se de experiências positivas com esse produto ou serviço, tais como facilidade de uso, bom atendimento, forma especial de pagamento, etc., ou também com o boca a boca positivo. Aprendendo com a própria experiência e/ ou com o relato de outros e recordando as experiências e relatos, o cliente vai formando padrões de conduta ao procurar produtos e serviços".

Recriar fatos pela memória também ajuda na pré-seleção de um produto ou serviço. As empresas precisam estimular corretamente os clientes para que eles associem boas recordações aos seus produtos. Portanto estimular essas recordações associando-as com a empresa e os produtos pode ajudar no processo de seleção futura.

O relacionamento por sua vez também influencia esse processo. A experiência do cliente com o pessoal da empresa é muito considerada. Um bom atendimento faz o cliente sentir-se importante, reconhecido, e isso é fundamental para qualquer pessoa. Isso permite que os estímulos relativos àquela loja, produto ou marca sejam colocados num grau mais elevado na consciência.

4.2.3 Avaliação das Alternativas e Julgamento Sobre o Consumo

Nesse estágio os consumidores, com base nas informações coletadas, identificam e avaliam maneiras de satisfazer suas necessidades e desejos, em geral essa etapa envolve a decisão de quais recursos ou características são importantes e da identificação de qual desses recursos ou características cada alternativa oferece.

Para entender o processo de avaliação deve-se primeiro entender que o consumidor está tentando satisfazer uma necessidade, segundo porque busca certos benefícios no produto e terceiro observa em cada produto um conjunto de atributos. Dessa forma, os consumidores já têm armazenado na memória julgamentos ou crenças sobre o desempenho das alternativas de escolha sob consideração e essa habilidade de recuperar esta informação pode afetar fortemente a alternativa que será escolhida no final, embora os consumidores que não têm tal conhecimento armazenado precisem se basear em informação externa para formar crenças sobre o desempenho de uma alternativa.

Quando o consumidor avalia as alternativas, leva em consideração os benefícios que cada produto oferece. Segundo Kotler (2000, p. 202) "o consumidor vê cada produto como um conjunto de atributos com capacidades variadas de entrega de benefícios para satisfazer a necessidade". O autor ainda mostra, mediante exemplos, que os atributos de interesse para os compradores variam de acordo com o produto:

- *câmeras*: definição de imagem, velocidades da câmera, tamanho da câmera, preço;
- *hotéis*: localização, higiene, ambiente, preço;
- *antisséptico bucal*: cor, eficácia, capacidade de matar germes, preço, paladar/sabor;
- *pneus*: segurança, vida útil, preço.

Tendo em mente os atributos relevantes, o consumidor compara as várias marcas disponíveis procurando otimizar seu benefício. "No comportamento de consumo que demanda algum tempo de procura antes da compra entra em jogo um processo de análise e síntese das vantagens oferecidas pelo fornecedor e seu produto" (GIGLIO, 2002, p. 133). Kotler (2000, p. 203) completa dizendo que "o consumidor toma atitudes (julgamentos/preferências) relacionadas com várias marcas por meio de um procedimento de avaliação de atributos".

No estágio de avaliação, depois de comparar as marcas e formar uma intenção de compra, "[...] o consumidor julga se o consumo é aceitável, se vale a pena, se não há restrições morais, ou consequências negativas" (GIGLIO, 2002, p. 137). Isso permite entender porque alguns consumidores têm expectativas ou alguma necessidade, têm o produto disponível, o recurso para a compra, mas não a realizam. A explicação está no julgamento do consumo.

Esse julgamento é feito com base nas atitudes dos consumidores, também chamado de representações sociais. As representações sociais sobre os produtos e serviços determinam a disposição positiva ou negativa em adquiri-los e estão presentes na literatura sobre o comportamento humano com outros nomes. Freud (In: GIGLIO, 2002, p. 139) chamou essa instância — aprovação ou não do comportamento do sujeito — de superego e seu desenvolvimento dava-se em razão das experiências desagradáveis da pessoa e das regras familiares que eram aprendidas.

Então qualquer experiência de consumo ao nosso alcance (real ou imaginada) recebe um julgamento positivo ou negativo assim que se apresenta. Segundo Giglio (2002) o consumidor tenta responder duas perguntas antes do consumo:

- conforme minhas experiências anteriores, tal consumo nesse momento é apropriado? Quais imagens me vêm à mente quando penso estar consumindo esse produto?
- Conforme o que os outros dizem sobre esse consumo e esperam que eu faça, ele é apropriado? Quais imagens os outros têm sobre o consumo?

Essas duas questões definem o processo de influência das representações sociais no consumo. O comprador pode querer e ao mesmo tempo considerar que não é bom para si ou para os outros. "Se existe o desejo, mas as representações são negativas, o pensamento final será: eu quero e posso, mas acho que não devo (por mim ou pelos outros), então não compro" (GIGLIO, 2002, p. 140).

Kotler (2000, p. 204) também observa a influência da atitude dos outros no julgamento do consumo. O autor cita dois elementos que interferem na redução da preferência de alguém:

- a intensidade da atitude negativa de outra pessoa em relação à alternativa preferida do consumidor;

- a motivação do consumidor para aceitar os desejos da outra pessoa.

O autor conclui, afirmando que "quanto mais intenso o negativismo da outra pessoa e quanto mais próxima essa pessoa for do consumidor, mais este ajustará sua opção de compra".

Os grupos possuem uma identidade grupal que orienta o consumo de seus membros. Ao participar de vários grupos com diferentes regras, cada um vai criando uma imagem mental sobre quem é socialmente e o que pode realizar num grupo. Tais regras podem incluir o que fazer e o que ter.

Para pertencer a um grupo de elite da Diretoria de uma empresa, por exemplo, é possível que alguém admita seguir regras como: jogar tênis de manhã, estudar alemão e comprar carro importado. Ou então, para pertencer a um grupo de jovens de um bairro, alguém pode admitir regras sobre o que vestir, quais lugares frequentar e quais músicas ouvir. Para cada grupo existe um conjunto de regras diferente e um leque diverso de comportamentos de consumo. Existe uma espécie de *censura grupal* que afeta diretamente as decisões de consumo.

4.2.4 O Momento de Compra

O momento da compra é aquele em que a compra efetivamente está sendo realizada e deve ser entendido como mais um passo do processo de compra.

O momento da compra é apenas uma etapa intermediária de um processo que se inicia bem antes e só termina bem depois do consumo.

Os gestores de marketing sabem que antes de comprar existem momentos importantes que determinam o quê, como e onde comprar. Da mesma forma, depois da compra também existem momentos importantes como o uso, o julgamento e o destino final do consumo, levando ou não ao reinício do ciclo. A compra, portanto, pode e deve ser entendida como mais um passo e não como o único passo do consumo. Existem ferramentas de marketing que visam despertar as expectativas do consumidor e outras que objetivam manter o cliente satisfeito após a compra.

A tomada de decisões do consumidor no ato da compra varia de acordo com o tipo de decisão de compra. A compra de um pacote de açúcar, de um tênis, de um computador ou de um carro novo envolve decisões bastante diferentes.

É possível categorizar o produto, ou serviço, conforme o grau de envolvimento e diferenciação da marca. O grau de envolvimento é a importância que o cliente dá ao consumo, ou seja, o quanto ele imagina que sua vida irá mudar após a compra e o quanto ele está disposto a se esforçar para realizá-la. Citando como exemplo a compra de um imóvel, o envolvimento na compra depende do consumidor. Para recém-casados, que economizaram anos, a compra significa tudo em suas vidas, já para um grande investidor não é tão importante. A outra categoria refere-se à percepção que o cliente tem de diferenciação de marcas, ou seja, como ele julga as marcas. Pode-se perceber grande diferença entre as marcas ou então pouca diferença entre elas.

O comportamento de compra complexo ocorre quando os quando os consumidores estão altamente envolvidos em uma compra e conscientes das diferenças significativas entre as marcas. Normalmente esse é o caso de produtos caros e comprados com pouca frequência, por exemplo quando uma pessoa compra um computador pessoal.

Em uma situação de compra complexa o produto ou serviço não é conhecido em detalhes pelo consumidor. Nesses casos faz-se necessário esclarecer o consumidor sobre o produto. Nessa condição o gestor de marketing precisa desenvolver estratégias que ajudem o comprador a obter informações sobre os atributos do produto e sua importância relativa.

Giglio (2002, p. 157), por sua vez, não se limita apenas à revelação dos pontos positivos:

> A tática consiste em diminuir a influência das representações negativas (geralmente histórias de decepção de amigos, ou situações

imaginadas) e redirecionar as expectativas sobre os resultados (esclarecendo realmente o que será obtido com o uso do produto), diminuindo a margem de decepção.

O comportamento de compra com dissonância cognitiva reduzida ocorre quando o comprador está altamente envolvido em uma compra, mas vê pouca diferença entre as marcas. Nesse caso "o comprador pesquisará o que está disponível no mercado, mas acabará comprando com relativa rapidez, devido talvez a um bom preço ou à conveniência de compra" (KOTLER, 2000, p. 199). Um exemplo pode ser a compra de um imóvel em um bairro de São Paulo. Se o consumidor considera que há pouca variação entre as opções disponíveis, mesmo que ele se arrependa depois da compra, sua decepção será reduzida.

O comportamento de compra habitual ocorre nas compras de baixo envolvimento e ausência de diferenças significativas de marca. É o caso, por exemplo, de artigos de higiene. Segundo Kotler (2000, p. 200) "existem fortes evidências de que os consumidores têm pouco envolvimento com produtos de baixo custo comprados com frequência". As compras do dia a dia envolvem menos decisões. Por exemplo, ao comprar açúcar, o consumidor dá pouca atenção ao fornecedor ou à forma de pagamento. Se a pessoa tiver um hábito com certeza irá procurar sua marca preferida, mas, caso ela não esteja disponível, o consumidor provavelmente optará por outras sem maiores problemas.

Como os consumidores desses produtos não procuram exaustivamente por informações, as informações recebidas da televisão, rádio e revistas podem fazer o consumidor ficar mais familiar com determinada marca e direcionar sua compra.

O comportamento de compra em busca de variedade acontece nas compras caracterizadas por um baixo envolvimento, mas com diferenças significativas de marca. Nesses casos a troca de marca ocorre mais pela variedade do que pela insatisfação. Por exemplo, um consumidor de bolachas pode optar por outra marca na próxima compra porque simplesmente quer provar sabores diferentes.

Nessa categoria de produto a marca líder e as marcas menores possuem estratégias de marketing diferentes, como observa Kotler (2000, p. 200):

> A líder de mercado tentará encorajar o comportamento de compra habitual, dominando o espaço na prateleira, evitando a falta do produto e investindo em propaganda. As empresas concorrentes encorajarão a busca da variedade, oferecendo preços mais baixos, ofertas, cupons, amostras grátis e anúncios que apresentem razões para experimentar algo novo.

4.2.5 Comportamento Pós-compra

Nessa última etapa do processo de compra, o consumidor avalia o seu consumo. Esse passo é fundamental porque deixará o consumidor favorável ou não a repetir a compra.

A avaliação pós-compra é uma comparação entre o que se esperava e o que se obteve. Nesse último passo do processo de consumo, o consumidor compara os resultados do presente com as expectativas que originaram o consumo, chegando a uma decisão sobre o acerto ou não desse consumo.

Kotler (2000, p. 204) também observa essa etapa do consumo afirmando que "após comprar o produto, o consumidor experimenta algum nível de satisfação ou insatisfação". O resultado do processo é uma satisfação ou uma frustração.

Quando existe uma diferença entre o que se esperava obter com o consumo e o que realmente ocorreu, surge o fenômeno da dissonância cognitiva. Nas palavras de Giglio (2002, p. 261) "dissonância cognitiva refere-se exatamente ao processo e resultado final cognitivo e emocional da verificação da diferença entre o que se esperava e o que ocorreu".

A dissonância cognitiva afeta diretamente a satisfação do consumidor, uma vez que "a satisfação do cliente é derivada da proximidade entre as expectativas do comprador e o desempenho percebido do produto" (KOTLER, 2000, p. 205). Kotler completa dizendo que "quanto maior a defasagem entre as expectativas e o desempenho, maior a insatisfação do consumidor".

É evidente que a experiência de consumo define se o cliente voltará ou não a comprar o produto. Um cliente insatisfeito dificilmente repetirá o mesmo consumo. A situação de dissonância cognitiva abre a possibilidade de o consumidor criar uma disposição negativa em relação ao produto/serviço, ou seja, se o consumidor ficar satisfeito, haverá uma probabilidade maior de voltar a comprar o produto.

Cabe aos gestores de marketing, então, realizar um esforço no sentido de eliminar, ou pelo menos combater, a dissonância cognitiva de seus clientes. Giglio (2002, p. 168) sugere dois caminhos nesse desafio:

- *o caminho da tática 1*: consiste em influenciar a etapa relativa à construção das expectativas. Aqui caberia esclarecer o mais detalhadamente possível quais benefícios o consumidor pode esperar do produto/serviço. Nas palavras de Giglio (2002, p. 67) "trata-se de desenvolver uma tática de prestação de serviços em substituição às táticas tradicionais de vendas";
- *o caminho da tática 2*: consiste em atuar no momento da compra e no pós-compra, quando se constrói a noção do que se está obtendo em comparação ao que se esperava. O momento da compra lida com os dois lados da questão simultaneamente, as expectativas e os resultados (por exemplo, durante o corte de cabelo ou uma aula de inglês). No pós-compra, por sua vez, a tática consiste em influenciar as conclusões sobre o que se obteve.

Kotler (2000, p. 205) também observa a importância das ações pós-compra afirmando que "as comunicações pós-compra têm resultados em menor número de devoluções e cancelamentos de pedidos". Assistência técnica, manutenção, propagandas que reforçam a decisão do consumidor e bons canais de atendimento rápido de reclamações de clientes são exemplos de ações nesse sentido.

A busca da fidelização do cliente se confunde com um conceito de marketing que se torna cada vez mais relevante: o Marketing de Relacionamento, o qual tem como objetivo estabelecer relacionamentos mutuamente satisfatórios de longo prazo com partes-chave — clientes, fornecedores, distribuidores —, a fim de ganhar e reter sua preferência e seus negócios no longo prazo.

As empresas precisam estar cientes de que já não basta mais apenas vender. A lucratividade no longo prazo depende de esforços no sentido de buscar a fidelidade e a retenção de clientes.

Apesar da sua importância crescente, o marketing de relacionamento ainda não é praticado por muitas empresas que continuam se preocupando única e exclusivamente com a venda. Com bem observa Kotler (2000, p. 69):

> Infelizmente, a maior parte da teoria e prática de marketing concentra-se na arte de atrair novos clientes, em vez de na retenção dos existentes. Tradicionalmente, a ênfase tem sido na realização de vendas, em vez de na construção de relacionamentos; em pré-vendas e vendas, em vez de na assistência pós-venda.

O autor chama a atenção para a importância do pós-compra e de todos os serviços oferecidos ao cliente visando estabelecer um bom relacionamento. A retenção de clientes é uma atividade de pós-compra e imprescindível nos atuais esforços de marketing. Segundo Kotler (2000, p.76) "em última análise, marketing é a arte de atrair e reter clientes lucrativos".

Referências do Capítulo

BOONE, L. E.; KURTZ, D. L. *Marketing contemporâneo.* 8. ed. Rio de Janeiro, Editora LTC, 1998.

COBRA, M. *Administração de marketing.* 2.ed. São Paulo, Atlas, 1992.

CHIAVENATO, I.; MATOS, F. G. *Visão e ação estratégica.* São Paulo, Prentice Hall, 2001.

CHURCHILL, G. A. *Marketing: criando valor para o cliente*. São Paulo, Saraiva, 2000.
ENGEL, J. F., BLACKWELL, R. D., MINIARD, P. W. *Comportamento do consumidor*. 8. ed. São Paulo, LTC Editora, 2000.
GIGLIO, E. *O comportamento do consumidor*. 2. ed. brasileira. São Paulo, Thomson, 2002.
GIGLIO, E. *Um estudo exploratório sobre as representações sociais presentes no processo de decisão de compra de imóvel*. (Dissertação de mestrado). Pontifícia Universidade Católica de São Paulo (PUC/SP), 1998.
GOLDSTEIN, M., ALMEIDA, H. S. Crítica dos Modelos Integrativos de Comportamento do Consumidor. *Revista de Administração – RAUSP*. V. 35, n. 1, p. 14-22, jan./mar. 2000.
GRACIOSO F. *Planejamento estratégico orientado para o mercado*. 3. ed. São Paulo, Atlas, 1998.
JAIME Jr., P. Etnomarketing: Antropologia, Cultura e Consumo. *Revista de Administração de Empresas – RAE*. V. 41, n. 4, out./dez. 2001, p.68-77.
LEWIS, B. R.; LITTLER, D. *Dicionário enciclopédico de marketing*. São Paulo, Atlas, 2001.
LEWIS, Dr. D.; BRIDGER, D. *A alma do consumidor*. São Paulo, M. Books do Brasil Ltda, 2004.
HAMEL, G.; PRAHALAD, C. K. *Competindo pelo futuro: estratégias inovadoras para obter o controle do seu setor e criar os mercados de amanhã*. Rio de Janeiro, Campus, 1995.
HENDERSON, B. D. As origens da estratégia. In: MONTGOMERY, C.; PORTER, M. *Estratégia: a busca da vantagem competitiva*. 3. ed. Rio de Janeiro, Campus, 1998.
HOOLEY, G. J. *Estratégia de marketing e posicionamento competitivo*. São Paulo, Prentice Hall, 2001.
KALIN, J. *Avaliação dos modelos competitivos de porter em empresas de serviços de limpeza na grande São Paulo*. São Paulo, USP, 2000.
KOTLER, P. *Marketing para o século XXI: como criar, conquistar e dominar mercados*. 8. ed. São Paulo, Futura, 2001.
KOTLER, P. *Administração de marketing*. São Paulo, Prentice Hall, 2000.
ROCHA, A.; CHRISTENSEN, C. *Marketing: teoria e prática no Brasil*. 2. ed. São Paulo, Atlas. 1999.
SAMARA, B. S. *Comportamento do consumidor: conceitos e estratégias*. São Paulo, Prentice Hall, 2005.

SCHIFFMAN, L.G.; KANUK, L. *Comportamento do consumidor.* 6.ed. São Paulo, LTC Editora, 2000.

SCHOUTEN, J.W., MCALEXANDER, H.J. Subcultures of Consumption: an Ethnography of the New Bikers. *Journal of Consumer Research.* V. 22, n. 1. Jun. 1995, p. 43-61.

Capítulo 5
Definição das Estratégias de Marketing

Como apresentado nos capítulos anteriores, o marketing compreende o processo de satisfação das necessidades individuais e empresariais, determinando preço, a comunicação e a distribuição de ideias, de bens e serviços, sendo elemento primordial para a manutenção dos mercados. Segundo Hooley (2001, p. 27), "a primeira tarefa crítica do marketing é identificar as necessidades dos clientes e comunicá-las de forma eficaz a toda a organização" (HOOLEY, 2001, p. 27).

Sem considerar se as aplicações que popularmente são dadas ao marketing são corretas ou não, o importante é a constatação de que o marketing vem dia a dia rompendo o hermetismo dos conceitos formados por conjuntos de técnicas para uma visão mais ampla de um processo que busca permanentemente levar ao mercado consumidor aquele bem ou serviço que ele almeja, no momento e na forma certa.

Segundo Kotler (2000), praticar o marketing exige que se verifique vários requisitos. Temos de estar na presença de uma necessidade humana: tem de haver alguém que necessite ou queira algo. Em segundo lugar é fundamental que haja um modo de satisfazer essa necessidade, quer seja por intermédio de um produto, de um serviço ou até de uma ideia. E é de um processo de troca, mutuamente benéfico, entre quem quer satisfazer a sua necessidade e quem detém o meio para sua satisfação, que surge o marketing.

> ### Afinal, o que é Marketing?
>
> Segundo Kotler (2000), marketing é um processo social por meio do qual pessoas e grupos de pessoas obtêm aquilo que necessitam e desejam por meio da criação, oferta e troca de produtos e serviços.
>
> Marketing estabelece uma relação de troca entre um indivíduo que tem uma necessidade e outro que busca atendê-la.
>
> Sob o ponto de vista mercadológico, o marketing busca atender os desejos e necessidades do consumidor por meio do desenvolvimento de produtos e serviços de forma lucrativa pela empresa, estabelecendo assim a relação de troca.

É importante que se afaste definitivamente a crença de que o marketing cria necessidades, levando as pessoas a consumir algo de que não necessitam. As necessidades e os desejos são próprios do homem — resultam das suas características biológicas e sociais — o que o marketing faz é tentar satisfazê-las.

Ainda segundo Kotler (2000), outro erro frequente é considerar o marketing apenas como uma área funcional dentro da empresa. Mais do que uma simples tarefa a ser executada, o marketing deve ser a orientação fundamental, o modo de gerir e de pensar em qualquer negócio — independentemente do mercado em que a empresa atue ou das funções que incluiu na organização.

Sob essa perspectiva, veremos que o marketing representa muito mais do que ferramentas de promoção e venda; trata-se de uma filosofia dentro das organizações, a qual tem no cliente a principal razão da existência da organização.

A consequência prática desse conceito é a orientação para o mercado. O objetivo a alcançar deve ser a satisfação das necessidades dos consumidores de um modo mais eficaz do que a concorrência.

> **Ainda sobre o conceito de marketing**
>
> No Brasil o conceito de marketing está desfocado. Muitas pessoas acreditam que marketing significa uma forma de despertar desejos nos clientes, uma forma de vender produtos de qualquer maneira, mesmo que as pessoas não o queiram. Alguns leigos acreditam ser marketing "uma maneira de fazer com que pessoas comprem o que não precisem com o dinheiro que não têm" (WIKIPEDIA, 2007).

5.1 Marketing no Contexto Empresarial

Muitos executivos já fizeram a transição de uma visão da sua empresa que é movida pelo produto para uma visão movida pelo mercado e pelo consumidor.

Advoga-se que o marketing é demasiado importante para estar circunscrito apenas às suas funções. O melhor departamento de marketing será um fracasso se os outros departamentos falharem em se concentrar no cliente. O gestor da empresa deve definir a orientação de marketing e assumir a sua chefia, pelo menos em espírito.

Portanto, o marketing interage como um todo na organização, uma vez que seu objetivo é o de produzir resultados, levando em conta os fatores que influenciam o comportamento do consumidor, os produtos/serviços adequados para atingir esse consumidor, a forma de se comunicar com ele e, assim, gerar um processo de trocas garantindo o lucro para a empresa, na forma de retorno financeiro ou de imagem.

Marketing pode ser visto de diversos modos. Pode ser visto como uma tacada estratégica perseguida pela alta administração, como um jogo de atividades funcionais executado por gerentes de linha (como política de produto, preço, distribuição e comunicação) ou como uma orientação direcionada ao cliente — para a organização inteira.

A atividade de marketing está ligada ao universo da competência das instituições e organizações. Uma empresa ou instituição pode ter um bom marketing se conseguir produzir bons produtos e/ou serviços, se for competitiva em relação aos seus preços e, ainda, se tiver distribuição ágil para o que faz e produz. Logo, pode-se afirmar que empresas e instituições modernas, boas e competentes em marketing não são necessariamente empresas vencedoras em seus mercados. Isso porque as empresas e instituições não se relacionam somente com os seus mercados, mas também com inúmeros e diversificados públicos que não são necessariamente consumidores (*stakeholders*).

5.2 Marketing em Paralelo com a Gestão Empresarial

O mundo da empresa é um mundo em que a competência se mede pela capacidade de lidar com a mudança.

A capacidade de se adequar ao novo, de perceber a necessidade de se ter uma mente mutante, uma cabeça evolucionária, sem esquemas que supostamente devam valer para sempre é a habilidade que o executivo, o *manager*, precisa ter hoje.

Ele tem de assumir que o essencial é que ele aprenda a desaprender. Permanentemente. E rapidamente.

Enquanto a taxa de mudança foi *razoável*, enquanto as coisas evoluíam num ritmo em que pessoas normais conseguiam acompanhar, não era tão difícil ser competente. A partir da década de 1990 é quase impossível. A necessidade permanente de *desconstruir* o que se construiu, a necessidade de mudar o que *sempre deu certo* são o imperativo maior.

Quem acha que formulou um novo conceito, uma nova teoria científica, tem de se submeter ao teste do marketing: a comunidade realmente comprou sua teoria? A ciência só evoluiu por meio de inovações que foram aceitas e assumidas pela comunidade, muitas vezes com muita dificuldade, apesar das evidências. Quando as ideias passam a ser aceitas/compradas pela sociedade esclarecida, a linguagem usada (a teoria científica) vira um sucesso.

Isso geralmente é um processo longo na ciência. As cabeças pensantes nunca abrem mão facilmente dos seus padrões pela ótima razão de que eles *dão certo*.

5.3 Delineando o Marketing Moderno

Como já comentado amplamente, durante muito tempo o marketing confundiu-se com a atividade dos vendedores, a distribuição física dos produtos. A essas funções juntava-se por vezes a publicidade, cujo papel era apoiar o trabalho dos vendedores. Mas as empresas aperceberam-se de que não bastava procurar escoar um produto já vendido a preço fixo; era necessário começar por perceber se havia clientela. Melhor ainda, era preciso partir da análise das necessidades do mercado para decidir o que se ia produzir e a que preço. Além disso, a conservação de uma clientela fiel exigia que os compradores estivessem plenamente satisfeitos. Logo, faltava assegurar-lhes serviços de pós-venda.

Como consequência da extensão das funções dos profissionais de marketing, distingue-se o marketing estratégico e o marketing operacional. O primeiro é relativo às funções que precedem a produção e a venda do produto. Inclui o estudo de mercado, a escolha do mercado-alvo, a concepção do produto, a fixação do preço, a escolha dos canais de distribuição e a elaboração de uma estratégia de comunicação e produção. O segundo, marketing operacional, designa as operações de marketing posteriores à produção, tais como a criação e desenvolvimento de campanhas de comunicação e promoção, a ação dos vendedores e de marketing direto, a distribuição dos produtos e *merchandising* e os serviços pós-venda.

5.4 O Futuro do Marketing

Uma das questões que mais intriga os estudiosos de marketing é tentar entender o que acontecerá quando todas as empresas forem capazes de satisfazer as necessidades dos consumidores, maximizando o valor dos seus produtos, uma vez que o campo de batalha não é estático, na medida em que cada competidor começa com um conjunto diferente de recursos e oportunidades.

Provavelmente aquelas empresas que estiverem mais atentas descobrirão e rapidamente implementarão vantagens competitivas. As quotas de mercado irão mudar em decorrência da capacidade de inovação dos diferentes competidores. Sempre emergirão novas formas de competir e velhas fórmulas poderão ressurgir.

Isso porque não há uma plataforma fixa que atenda eternamente todos os consumidores. Cada mercado tem diferentes tipos de consumidores com diferentes necessidades. Esta é a base do marketing: as empresas escolhem como alvo um mercado que procura certas características, criando e comunicando uma oferta superior.

O marketing deixa de ser apenas um departamento da empresa para se transformar na sua orientação. O trabalho de equipe na investigação, design, fabricação, distribuição e promoção de novos produtos será maior, ao passo que a responsabilização de um único departamento quando as coisas correrem mal será menor. Além disso, cada empresa formará mais alianças e passará a dedicar-se apenas àquilo que faz bem.

A tendência é passar do marketing de massas ao marketing de segmentos, ao marketing de nichos e finalmente ao marketing de relacionamento.

- *Marketing de massa*: a empresa se preocupa em produção, distribuição e promoção de massa de um produto para todos os compradores. A vantagem do marketing de massa é que cria maior potencial de mercado, custos menores e automaticamente margens maiores;
- *marketing de segmentos*: segmento de mercado é formado por um grande grupo de compradores identificáveis em um mercado. As pessoas diferem em seus desejos, poder de compra, localizações geográficas, atitudes e hábitos de compra.

As empresas procuram isolar alguns segmentos amplos que formam um mercado e personalizar seus produtos para esse mercado, visto que os consumidores são bastante similares em desejos e necessidades, mas não são iguais;
- *marketing de nicho*: uma estratégia de segmentação de marketing pela qual a empresa concentra-se em atender um segmento do mercado. O marketing de nicho é muito semelhante ao marketing segmentado, com a única diferença de que os segmentos são menores. Um nicho é um segmento pequeno e distinto, que pode ser atendido com exclusividade;
- *marketing de relacionamento*: voltado para o cliente individual, o marketing de relacionamento baseia-se na ideia de uma empresa conhecer seu cliente. Por meio de interações com esse cliente, a empresa pode aprender como ele deseja ser tratado. Assim, ela se torna capaz de tratá-lo de maneira diferente dos outros clientes. No entanto, marketing de relacionamento não significa que cada necessidade exclusiva do cliente deva ser tratada de maneira exclusiva. Ao contrário, significa que cada cliente tem uma colaboração direta na maneira como a empresa se comporta com relação a ele.

O desafio da gestão de marketing é o de integrar, na mesma estratégia, a filosofia voltada ao cliente adequando-a aos interesses organizacionais. Isso por que uma empresa não sobrevive apenas atendendo as necessidades dos clientes externos, mas também aos interesses internos da organização.

Em mercados competitivos, torna-se fundamental nas atividades de marketing que os gestores desenvolvam estratégias integradas que favoreçam o relacionamento com o cliente, os interesses da sociedade e a valorização da marca, assim como mostra a Figura 5.1.

O que se percebe é que todos esses conceitos e estratégias convivem no mesmo ambiente. Existem empresas que atuam com marketing de segmento, enquanto outras estão focadas no marketing de massa.

Figura 5.1

Atividades de marketing em mercados competitivos

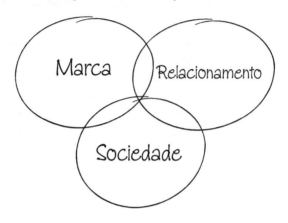

5.5 Composto ou Mix de Marketing

O Composto Mercadológico ou Mix de Marketing é constituído por várias atividades empresariais que objetivam influenciar e induzir o consumidor a adquirir um determinado produto ou serviço em detrimento de outro(s). Nos capítulos anteriores foi apresentado que a formulação das atividades que irão compor as ações empresariais é feita com base nas vantagens competitivas de cada empresa e no seu objetivo pré-definido, tanto mercadológico quanto de lucro.

Mix de marketing (ou composto de marketing) é o conjunto de ferramentas de marketing que a empresa utiliza para perseguir seus objetivos de marketing no mercado-alvo.

Essas ferramentas são classificadas em quatro grupos amplos denominados os quatro Ps do marketing: produto, preço, praça (ou ponto de venda) e promoção (do inglês *product*, *price*, *place* e *promotion*).

Traduzidos do inglês, os quatro Ps são definidos como:

- *Product* (Produto): o produto deve, com obrigatoriedade, ser o produto desejado pelo cliente, dentro das suas expectativas e que satisfaçam às suas necessidades;

- *Price* (Preço): o cliente procurará um preço justo, que não deve ser nem muito elevado — de modo que o cliente considere não valer a pena comprá-lo —, nem tão baixo, de modo que o leve a pensar que há algo de errado com o produto, a ponto de recusá-lo;
- *Place* (Ponto de venda ou distribuição): o produto desejado com um preço justo deve estar acessível pelo cliente, isto é, num local em que ele possa comprá-lo no momento em que desejar;
- *Promotion* (Composto promocional): há um provérbio popular que diz: "A propaganda é a alma do negócio", e realmente ele tem toda a razão, pois se não divulgarmos o produto aos clientes, eles não saberão da sua existência e não poderão adquiri-lo.

As variáveis específicas de marketing sob cada P são mostradas na Figura 5.2.

Figura 5.2

Elementos que compõem o Mix ou Composto de marketing

A figura mostra a empresa preparando um mix de ofertas de produtos, serviços e preços, utilizando um mix de promoção, formado por promoção de vendas, publicidade, força de vendas, relações públicas, mala-direta, *telemarketing* e internet, para alcançar os canais de distribuição e os clientes-alvo.

5.5.1 Produto

O Produto significa a combinação de bens ou serviços que a empresa oferece aos mercados-alvo, com o objetivo de satisfazer suas necessidades.

> **Gerenciando a estratégia de produto**
>
> Uma empresa poderá ter um produto de ótima qualidade, mas isso necessitará da validação do consumidor, ou seja, estar dentro das reais necessidades. Mas qual o conceito que podemos ter de um produto ou serviço? Produto ou serviço é algo produzido por uma organização e que pode ser oferecido a um mercado-alvo para sua apreciação, aquisição, uso ou consumo, e que possa satisfazer um desejo ou uma necessidade (inclui objetos físicos, serviços, lugares, organizações e ideias (KOTLER, 2000, p. 366-368).

O produto é um complexo de atributos palpáveis e impalpáveis, como: embalagem, cor, preço, prestígio do fabricante, prestígio do revendedor, atendimento, assistência prestada pelo fabricante e pelo revendedor. O comprador pode interpretar esses atributos como satisfação de seus anseios e necessidades.

Segundo Kotler (2000, p. 416), produto é "algo que pode ser oferecido a um mercado para satisfazer uma necessidade ou desejo".

Os produtos comercializados incluem bens físicos, serviços, experiências, eventos, pessoas, lugares, propriedades, organizações, informações e ideias.

Para Cobra (1997, p. 339), o conceito de composto ou mix de produto significa a variedade de modelos de produtos que ele pode oferecer aos clientes potenciais. O composto de produtos apresenta três dimensões: amplitude, variedade e consistência (uniformidade). Para uma melhor compreensão, pode-se dividir um produto em cinco níveis: o benefício central, o produto genérico, o produto esperado, o produto ampliado e o produto potencial.

O nível mais fundamental é o nível central, ou seja o serviço ou benefício fundamental que o cliente está realmente comprando. Um hóspede de hotel, por exemplo, está comprando descanso e pernoite.

O segundo nível, o produto genérico, caracteriza o produto em um sentido mais amplo. Assim, um quarto de hotel inclui uma cama, banheiro, toalhas, armário e penteadeira.

O terceiro nível, o produto esperado, é a divulgação de alguns atributos que iniciam a diferenciação do benefício central. Os hóspedes de um hotel esperam uma cama arrumada, toalhas limpas, lâmpadas que funcionem e um relativo grau de tranquilidade. Como a maioria dos hotéis pode atender a essas expectativas mínimas, o hóspede normalmente decidirá pelo hotel mais conveniente ou menos caro.

Já o quarto nível, o produto ampliado, diferencia por completo o produto de seus similares, excedendo as expectativas do cliente. Um hotel pode incluir um aparelho de televisão com controle remoto, registro rápido, *check-out* expresso, boas refeições e serviço de quarto.

No quinto nível está o produto potencial, ou seja a possibilidade desse produto oferecer outras vantagens, transformações ou ampliações no futuro. É nesse nível que as empresas procuram novas maneiras de satisfazer os clientes e diferenciar sua oferta. No caso de hotéis, uma transformação inovadora do produto tradicional poderia ser de hotéis exclusivamente com suítes, nos quais hóspedes ocupariam uma série de quartos.

5.5.2 Preço

O Preço consiste na soma em dinheiro que o cliente terá de pagar para receber o produto, em conjunto com quaisquer custos não financeiros, como tempo, negociação e conveniência, além de outros.

A definição do preço de um produto ou serviço, ou política de preço será determinada pelo posicionamento da empresa frente ao da concorrência e perante o consumidor. A utilização de pesquisa de mercado pode ajudar a definir a melhor política de preços de uma empresa que pode ser orientada por quatro diferentes fatores: o custo, a concorrência, o consumidor e o valor.

- *O custo*: engloba todos os seus componentes, quais sejam: pesquisa, desenvolvimento, matérias-primas, industrialização, embalagem, rotulagem, mão-de-obra, propaganda, promoção de vendas, distribuição, impostos, taxas, administração, desperdícios, encargos sociais, etc. Além disso, deve-se levar em conta a análise do custo real, de todos os investimentos em instalações, mobiliário, máquinas, equipamentos e implementos, dentre outros, que devem incidir sobre a formação de preço do produto, inclusive os encargos de sua amortização e o ônus de sua depreciação. O desprezo por tais custos resulta na formação de preços irreais, que (a médio e longo prazo) podem comprometer os resultados, além de repercutir em perda de participação no mercado quando do seu (necessário) ajuste;
- *a concorrência*: em se tratando de preços competitivos, deve--se levar em conta a concorrência. De certo modo, qualquer método de determinação de preços deve contemplar a sua comparação com os preços da concorrência e o seu impacto nos resultados planejados, em face a eventuais ajustes em relação à concorrência. Algumas empresas são forçadas a adotar como critério seguir o preço corrente no mercado, diante da impossibilidade de competir, apresentando preços superiores aos vigentes e aceitos, mesmo comprometendo suas margens e

estreitando os resultados. Outras, entretanto, mesmo podendo ofertar preços menores, observam a conveniência de aumentar suas margens e alinham-se aos preços superiores praticados pela concorrência e aceitos pelos consumidores. Observados os dois cenários mencionados, pode-se perceber que algumas empresas simplesmente seguem o preço de algum concorrente no mercado. Existem também empresas que, seja observando as suas margens ou até sacrificando-as, trabalham com preços ditos agressivos, objetivando ofertar preços inferiores aos de seus concorrentes e assim tomando-lhes fatias de seus consumidores, quando não simplesmente buscando manter as suas próprias fatias. Há ainda os preços promocionais, assim designados por objetivarem promover a atração da clientela e, com ela, mais e mais vendas pelo desejo infundido na oferta da vantagem do preço reduzido;

- *o consumidor*: é delicada a situação de uma empresa que, após determinar seus preços, verifica que o mercado não está disposto a pagá-los. Entende-se assim a importância de realizar pesquisas de mercado de modo a lançar o produto com o preço adequado à demanda. Outro ponto fundamental em relação ao consumidor reside na rapidez e na imensa quantidade de informações que este recebe, e que o auxiliam na sua tomada de decisão de compra, elevando continuamente seus níveis finais de exigência, sempre mais e mais críticos. Com a ampla abertura das importações e o crescente incremento da concorrência, os preços devem ser muito bem estudados e trabalhados para que não afetem a execução adequada das metas empresariais expressas em vendas;
- *o valor*: definir se um preço tem valor justo, e não apenas mais caro ou mais barato do que o consumidor se dispõe a pagar, está diretamente relacionado ao menor ou ao maior interesse despertado nesse consumidor. O valor justo de um produto pode ser estabelecido pelo valor que o interesse enseja. Quando postos frente a frente às necessidades e desejos de um consumidor com a capacidade de sua satisfação dada por um

determinado produto, o interesse que ali se cria estabelece um elo que pode ser valorizado. A satisfação de tais necessidades e desejos pode ser expressa em valores pelo consumidor, ou seja, até quanto ele está disposto a pagar por tal satisfação. No entanto, o preço que se pode atribuir a um produto em sua oferta aos consumidores deve levar em conta não apenas seus custos de produção, comercialização e lucro desejado, mas também a demanda (e nela as necessidades e desejos) que ele objetiva atender. Usando o conceito de valor, o consumidor, em sua tomada de decisão, julga que quanto maior a capacidade de satisfação do produto, mais justo (menos caro ou mais barato) se fará sentir o preço dado e, inversamente, quanto menor esta mesma capacidade, menos justo (ou mais caro) se fará o mesmo preço dado.

É importante reforçar que, ao elaborar a política de preços de uma empresa, deve-se pensar nos objetivos estabelecidos no plano de marketing. Outros objetivos, como sobrevivência, lucro máximo, receita máxima, crescimento de vendas, desnatação de mercado e liderança de segmento, também devem ser considerados.

5.5.3 Ponto de Venda (Distribuição)

O ponto de venda ou distribuição pode ser entendido como a combinação de diversos agentes por meio dos quais o produto flui, desde o vendedor inicial (geralmente o fabricante) até o consumidor final.

Uma empresa pode, a depender da logística planejada, utilizar-se do atacadista, do distribuidor, do varejista, do correio, de loja própria, ou de qualquer outro canal para distribuir seus produtos na praça, assim como indica a Figura 5.3.

As opções de escolha levam em consideração, notadamente, os custos, as características dos produtos, a área geográfica que se quer atingir, a promoção que determinados canais podem oferecer para os produtos, a concorrência e a tradição.

Além disso, decidir qual ou quais canais de distribuição se deve usar visando uma colocação eficiente dos produtos leva em conta fatores como: valor do produto, frequência de compra, preferências dos consumidores e características do produto.

Figura 5.3

Os principais canais de distribuição, dos mais clássicos e usuais até as formas mais específicas e avançadas

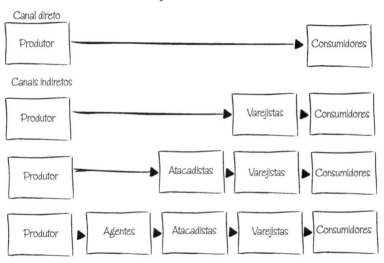

As finalidades essenciais que o canal de distribuição deve atender são: movimentar fisicamente os produtos, promovê-los, retornar informações sobre o mercado, ensejar custos de marketing reduzidos e maximizar resultados e lucros.

Já o ponto de venda inclui todas as ações que a empresa e o canal desenvolvem para melhor apresentar os produtos e serviços ao cliente-alvo.

O ambiente do ponto de venda deve ser evidenciado, adequando-o para uma melhor exposição dos produtos e realização de campanhas promocionais. Além disso, a colocação de informações de fácil visualização facilita a identificação dos produtos. É de vital importância oferecer bem-estar ao cliente.

Um espaço físico planejado e com decoração adaptada ao mercado-alvo, com algumas facilidades como ar condicionado, ambiente bem iluminado, áreas de estacionamento e sanitários limpos criarão um ambiente agradável ao consumidor. Manter o cliente dentro da loja ou estabelecimento proporciona aumento das vendas.

Enfim, o ponto de venda necessita maior atenção por parte dos empreendedores. É bom lembrar que, além de uma boa localização, um ambiente adequado às expectativas do cliente é imprescindível.

5.5.4 Comunicação

A comunicação refere-se às atividades que informam os méritos do serviço (benefícios, características, valor agregado, etc.) e convencem os mercados-alvo a adquiri-los.

Não basta uma empresa desenvolver um bom produto ou serviço, determinar seu preço e torná-lo acessível aos clientes. É preciso desenvolver um programa de comunicação efetivo.

Segundo Cobra (1997), a função do composto de comunicação é informar ao consumidor sobre as qualidades dos produtos e serviços, além de destacar a variedade de oferta, os serviços adicionais prestados, localização e o preço, e ainda persuadi-lo a uma ação desejada. Entende-se como composto de comunicação "todas as atividades da empresa responsáveis pela comunicação e promoção de seus produtos ao mercado-alvo" (KOTLER, 1996, p. 101).

É importante que, no início da definição de um composto de comunicação, seja observada a natureza do produto ou serviço que está sendo oferecido. Além disso, deve-se considerar os elementos que constituem a comunicação: emissor, receptor, codificação, decodificação, mensagem, veículo, resposta, *feedback* e ruído, assim como mostra a Figura 5.4.

Figura 5.4

Elementos básicos que compõem uma atividade de comunicação

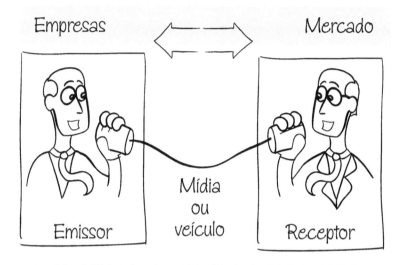

"Comunicação é um processo transacional entre duas ou mais partes"

O desenvolvimento do programa de comunicação inicia-se então pela identificação do mercado-alvo e suas características, incluindo pesquisa de opinião. Posteriormente deve-se definir o objetivo da comunicação, que pode ser: criar consciência, conhecimento, simpatia, preferência, convicção ou compra. Então desenvolve-se a mensagem e seleciona-se os canais de comunicação. Por fim, estabelece-se o orçamento de composto.

O composto de comunicação deve apresentar uma boa relação custo/benefício e permanecer administrado e integrado aos objetivos definidos no plano de marketing da empresa.

Cada autor interpreta a comunicação ao seu modo. Kotler (1998) classificou as modalidades de comunicação em: propaganda, publicidade, promoção de vendas, merchandising, venda pessoal e comunicação direta (mala-direta, *telemarketing*, etc). As ações conjuntas dessas modalidades de comunicação formam o conceito de comunicação integrada de marketing.

5.6 Do Foco do Produto ao Foco no Cliente (Relacionamento)

Um programa eficaz de marketing reúne todos os elementos do composto de marketing em um programa coordenado, destinado a atingir os objetivos de marketing da empresa por meio da oferta de valor aos consumidores.

Para Kotler (1998), o composto ou mix de marketing é o conjunto de táticas das empresas para criar um forte posicionamento nos mercados-alvo. No entanto, para esse autor, composto representa o ponto de vista do vendedor quanto às ferramentas disponíveis para ter influência sobre os compradores. Do ponto de vista do consumidor, cada ferramenta de marketing é criada para oferecer um benefício ao cliente. Kotler (2000) orienta que, antes do profissional da área de Marketing estabelecer o composto de marketing dos quatro Ps, a empresa atenderia aos quatro Cs (*Costumer value, Cost, Convenience* e *Communication*) do cliente e os utilizaria como uma plataforma para o desenvolvimento dos quatro Ps.

Da mesma forma como um economista usa dois conceitos centrais para sua estrutura de análise, demanda e oferta, o profissional de marketing vê o composto de marketing como uma caixa de ferramentas para orientá-lo no planejamento de marketing.

Kotler (2000) apresenta uma equivalência estabelecida por ele dos quatro Ps com os quatro Cs, a qual afirma que, enquanto os profissionais de marketing se veem como vendedores de um produto, os clientes se veem como compradores de um valor ou da solução de um problema.

Os clientes não estão mais interessados simplesmente no preço; estão interessados, sim, no custo total de obtenção, uso e descarte de um produto. Querem que um produto ou serviço esteja disponibilizado da maneira mais conveniente possível. Afinal os clientes não querem

Quadro 5.1

Equivalência entre os quatro Ps e os quatro Cs

Quatro Ps	Quatro Cs
Produto	*Costumer value*: valor para o cliente
Preço	*Cost*: menor preço
Praça	*Convenience*: conveniência
Promoção	*Communication*: comunicação

promoção e sim uma comunicação de mão dupla, ou seja, nas duas direções. O que os profissionais de marketing deveriam pensar em primeiro lugar é atender primeiro aos quatro Cs do cliente e utilizá-los, em seguida, como um amparo para o desenvolvimento dos quatro Ps.

Os quatro Cs têm a seguinte conceituação, segundo Kotler (2000):

- customer value: valor para o cliente (produto) — a visão desse conceito se amplia mediante a diferenciação relevante e singular. Uma vez que a base de qualquer negócio é um produto ou serviço, a empresa objetiva o fornecimento de algo de maneira diferente e melhor, para que o mercado-alvo venha a conferi-lo e até mesmo pague um preço mais alto por ele. A questão muitas vezes não se trata apenas de reduzir custos, situação em que facilmente se percebe e se pode quantificar a melhoria efetivada, mas de atender ao que o consumidor tem como noção de valor. Um consumidor pode comprar um produto porque considera satisfatório o valor que o produto tem, seja em termos de utilidade, preço, dificuldade de aquisição, elementos efetivos, etc. As diversas formas de valor associado a um produto ou serviço geram uma confusão considerável, já que o preço e a qualidade são coisas que parecem relacionar-se entre si, mas são diversas, tanto em sua origem quanto em sua estrutura. Na verdade, essa abordagem define preço como uma

função de mercado e custo como uma função de produção. Subordinando-se uma à outra, ou reduzindo custos para gerar produtos ou serviços mais baratos ou ainda aumentando custos para agregar elementos que induzam ao consumo por motivos pessoais;
- cost: menor preço — segundo Kotler (2000), a grande diferenciação do preço é que ele é o único que gera receita, os demais geram custos. Sendo assim, busca-se elevar o preço até onde haja diferenciações com grande elasticidade, buscando o aumento do seu lucro via expansão da quantidade, ou seja, mediante o aumento da sua participação no mercado;
- convenience: conveniência (praça ou distribuição) — o canal de vendas de mercadorias ou serviços pode ser definido de duas formas: o canal direto e o canal indireto. Contudo, Kotler (2000) observou que é muito difícil operar com dois canais concorrentes, mesmo que ambos sejam canais diretos;
- communication: comunicação (promoção) — a promoção abrange todas aquelas ferramentas de comunicação que podem ser utilizadas para fazer chegar uma mensagem ao público-alvo.

As ferramentas do composto de marketing são passíveis de serem copiadas pelos concorrentes, e, sem dúvida nenhuma, são a todo instante. Contudo, o pioneiro sempre desfrutará da liderança, mesmo que esta seja por um curto período de tempo.

A mudança de foco não ocorre de "P" para "C", mas do marketing de massa para a ideia do marketing de relacionamento, que agrega um funcionamento completo no processo de marketing direto, possibilitando, dessa maneira, a fidelização do cliente. Isso deve ser feito juntamente com outros departamentos da empresa, como logística, por exemplo. Não adianta fazer um excelente contando com o consumidor na hora da compra de um produto ou serviço e, na entrega, apresentar problemas ou o pós-venda não desempenhar seu papel da maneira correta. O que o marketing direcionado para o cliente promete é o atendimento diferenciado sem perder na rapidez e na precisão.

5.7 A Importância da Gestão da Marca

No passado a marca possuía dois objetivos básicos: identificar um produto e diferenciá-lo da concorrência. Esses objetivos continuam atuais, porém o conceito de marca está evoluindo, passando por grandes transformações e incorporando outras aplicações. Todo o trabalho desenvolvido por uma empresa na construção de uma marca de sucesso na mente de seus consumidores acaba por adquirir um valor intangível muito valioso.

Algumas organizações tentam inovar e surpreender seus clientes continuamente, introduzindo no mercado produtos únicos e de sucesso. Para que isso funcione, é preciso aliar ao produto ou serviço uma marca adequada.

É possível encontrar vários conceitos para marca. Os autores que normalmente tratam do assunto a definem segundo suas concepções relacionadas ao mundo do marketing. Observa-se, portanto, algumas dessas definições sob a ótica de diferentes estudiosos do assunto:

> Marca é um nome, designação, sinal, símbolo ou combinação dos mesmos, que tem o propósito de identificar bens ou serviços de um vendedor ou grupo de vendedores e de diferenciá-los de concorrentes. (KOTLER, 1996, p. 386)

Semenik e Bamossy (1995, p. 314) definem que:

> Um nome ou marca pode ajudar a empresa a cristalizar uma boa imagem em torno do produto. A marca pode tornar-se uma representação de satisfação que vai influenciar o consumidor a optar repetidamente por um produto específico em detrimento dos outros produtos concorrentes.

Aaker (1996, p. 31) compara o gerenciamento da marca às condições de um navio, buscando o equilíbrio entre o estratégico e o tático:

> Uma marca pode ser comparada a um navio de esquadra na perspectiva de uma batalha iminente. Essa metáfora proporciona

alguma percepção dos problemas de gerenciamento e do elenco de personagens da marca. O gerente da marca é o capitão do navio, que deve saber para onde seu navio está indo e mantê-lo na rota. As outras marcas da empresa, tal como os outros navios da esquadra, devem atuar de forma coordenada para se conseguir a eficiência máxima. Os concorrentes correspondem aos navios inimigos; será crítico conhecer sua localização, sua direção e seu poder de fogo, para se conseguir sucesso estratégico e tático. As percepções e as motivações dos clientes são como o vento: é importante conhecer sua direção, intensidade e possíveis alterações.

Souza e Nemer (1993, p. 12) adotam uma visão mais estratégica para o significado das marcas, a qual se baseia em um compromisso de criar um reconhecimento e uma identificação que as tornem únicas na mente do consumidor:

> A marca é mais que um simples nome ou símbolo. Ela deve ser uma síntese de todas as ações mercadológicas que se originam na satisfação de desejos ou necessidades específicos do consumidor. As ações mercadológicas de uma empresa visam fazer com que o consumidor associe à marca uma série de atributos do produto, uma expectativa de desempenho e uma diferenciação em relação às marcas concorrentes. Ela é uma das formas pela qual a empresa se comunica com o público consumidor.

A partir das definições encontradas na bibliografia para marcas, segue o raciocínio de que marca é uma palavra que carrega consigo toda uma identidade, uma forma de expressão que faz parte do cotidiano das pessoas, porque estas têm em mente um nome ao lembrar de um produto ou serviço, e que, ao mesmo tempo, representa o jeito de ser da empresa e seus princípios. Além disso, as empresas utilizam as marcas em suas ações estratégicas para melhor posicionar o seu produto ou serviço na tentativa de obter sucesso no mercado.

5.7.1 Posicionamento da Marca

Com o posicionamento o foco passa a ser a maneira como apresentamos a oferta aos consumidores e como eles a percebem diante de suas expectativas, o que, em todas as situações de compra, pode ser muito mais importante que os componentes tangíveis da oferta.

Analisando-se a partir dos consumidores, por exemplo, quando o mesmo para em um posto de gasolina (de sua marca preferida), a maioria dos consumidores não está muito preocupada com as características técnicas da gasolina ou como será o processo de queima desse combustível nos motores. A única coisa que interessa, além da questão preço, são os benefícios que se pode conquistar após o abastecimento, como uma viagem tranquila, os lugares que irão conhecer, a distância a ser percorrida, etc.

Espera-se que os bons momentos de direção, após o abastecimento, sejam precedidos do bom atendimento e demais atributos que fazem com que o consumidor possa escolher aquela marca de combustível, tornando-a sua preferência e referência.

A Sadia, fabricante de alimentos, conhecedora de que as mulheres estão muito mais ocupadas (conclusão decorrente de uma efetiva análise ambiental), sabendo que elas estão no mercado de trabalho e têm pouco tempo para se dedicar ao marido e aos filhos, passou a oferecer uma linha de produtos congelados. Entretanto, ela não ofereceu sua nova linha de produtos salientando suas qualidades, ela sugeriu o benefício da liberdade, que é algo de que as mulheres se vangloriam nos dias de hoje. Nesse caso, fica explícito que o conceito de liberdade é muito mais valorizado do que o produto em si, e as consumidoras que desejam a mesma em seus casamentos compram orgulhosas.

Enfim, o objetivo do posicionamento é incorporar os atributos da oferta ao conceito de marca. Se a marca transmite uma personalidade (conjunto de qualidades humanas que podem ser atribuídas a uma marca) sensível e integral, todas as atividades programadas para comunicar essa mensagem devem conter a mesma concepção de posicionamento. Cada uma das experiências individuais dos consumidores pode, então, reforçar a posição básica que será aceita por eles como imagem da marca, de modo que não há dissonância entre a mensagem e a experiência.

Após definir o posicionamento, a empresa iniciará o processo de criação, busca e seleção de um nome para a marca; o posicionamento, o nome e a identidade, nesta ordem, constituem os passos corretos para a criação de marcas com maiores chances de sucesso.

Criar nomes é um processo lento e difícil por vezes, extremamente complicado e até caro, mas é algo obrigatório na vida de empresas, que no futuro podem se tornar marcas poderosas e valiosas. Os nomes são peças integradas de um processo integrado de *branding*[23], cujo maior ou menor sucesso está relacionado a muitos outros fatores, como canais de distribuição, preço, qualidade, entrega, identidade gráfica, etc. Encontrar um bom nome é trabalhoso e sem um bom programa ou compromisso de posicionamento, torna-se uma missão praticamente impossível. O posicionamento faz com que você seja levado a focar nos benefícios de seus produtos ou serviços, pois os consumidores não estão interessados no trabalho que você tem ao entregar-lhes ou oferecer-lhes aquilo que eles compram, estão mais interessados nos benefícios que a marca vai trazer para as suas vidas. Portanto um nome bem feito é, sem dúvida, o melhor primeiro passo que você pode dar no mercado.

A identidade visual compreende a execução de mais uma etapa do posicionamento. É nesse momento que o nome começa a se transformar em uma marca. Por mais que pareça perfeito e seja exclusivo, ele apenas existirá como marca quando puder ser

---

[23] *Branding* significa, literalmente, atribuir uma marca a um produto ou serviço. Contudo, o verdadeiro significado de *branding* vai muito mais longe e significa efetuar a diferenciação de um produto ou serviço pela atribuição de uma marca e/ou nome que possa identificá-la. Tem normalmente associado o conceito de qualidade e os consumidores tendem a assumir as marcas como pontos de referência.

percebido como um sinal gráfico pelos consumidores. Seja pelas características dos produtos ou serviços, seja pelos investimentos maciços em comunicação, num momento subsequente os sinais gráficos, somados a cores, podem atingir tamanha relevância e destaques que, em alguns casos, chegam até a substituir o nome como elemento de identificação e posicionamento da marca. É o exemplo das marcas Mercedes (estrela de três pontas), Nike (traço), Itaú (cores laranja e azul), entre outros.

O fato é que as organizações precisam dar aos consumidores um sinal que lhes garanta um certo sentimento de propriedade. Nenhuma empresa é igual à outra e, por isso, seus sinais de identificação caracterizam as diferenças existentes.

Contudo a identidade corporativa não é formada apenas por um desenho, nome ou slogan. Tudo precisa estar integrado à sua identidade: valores, metas, compromissos e afins fazem parte de um sistema de comunicação que é visto pelos consumidores como os elementos de identidade da marca que escolheram comprar. A longo prazo, apenas a personalidade das empresas, sua identidade, servirá como fator de diferenciação e base de escolha.

Existem diversas formas de se construir uma marca: informações veiculadas pelos meios de comunicação, experiências no uso do produto, embalagem, identidade da empresa, promoção de vendas, propaganda, publicidade, relações públicas, entre outras.

Pelo elevado grau de controle que permite sobre as mensagens quanto pelo poder de penetração e convencimento junto aos consumidores e público em geral, dentre todas as ferramentas já citadas, a publicidade torna-se essencial no processo de construção de imagem de marca. Ela é uma ferramenta cara, mas sem dúvida de grande importância para a construção e manutenção de marcas. O que seria da Coca-Cola, da Nike e de muitas outras empresas sem suas propagandas? Assim como tudo, a publicidade evolui, a mídia evolui e os clientes querem resultados, por isso a publicidade está numa fase de transição em que ela se torna cada vez mais uma poderosa arma de vendas e de construção de marcas sólidas.

> **Marca: uma identidade perceptual**
>
> As marcas se expressam por meio do nome que apresentam, do logotipo, da forma e do design dos produtos que encarnam, da embalagem e do rótulo, da cor, do slogan, do jingle, da personalidade, do personagem que representa, de um mascote, além de outros recursos e do contexto organizacional, envolvendo os funcionários e os parceiros e suas relações com o meio social. A utilização de uma ou outra forma de expressão depende do tipo de produto, de consumidor e dos objetivos organizacionais.
>
> Questões relacionadas a sabor, aroma, textura, etc., também influenciam nossa memória, porque são responsáveis por associações mentais que colaboram para a construção de sentido. E, dessa perspectiva, são elementos de identidade e expressividade da marca (KELLER, 2006, p. 36-38).

5.7.2 Tendências para a Comunicação Moderna

Até algum tempo atrás, exigia-se dos profissionais de propaganda a conquista do consumidor por meio da exaltação das qualidades do produto, seus benefícios e diferenciais em relação aos concorrentes. No entanto, a inovação tecnológica e a globalização da economia acabaram por tornar os produtos e serviços oferecidos pelas empresas no mundo inteiro muito parecidos entre si. As mesmas qualidades, os mesmos preços e até promoções muito parecidas.

O consumidor, ao escolher um produto que atenda às suas necessidades, pode encontrar itens muito parecidos. Como, então, ele fará a opção? É aí que entra a imagem da marca, mais do que os apelos publicitários de exaltação ao produto. Certamente o consumidor vai optar, entre produtos de preços e características semelhantes, por aquele cuja marca transmitir uma imagem que guarde alguma identidade com o seu modo de vida, suas crenças e seus valores. Por isso as grandes empresas preocupam-se com o branding, ou seja: com a construção da imagem das suas marcas perante todos os seus públicos (*stakeholders*), incluindo, é claro, os consumidores dos seus produtos ou serviços.

E o passo inicial do processo de *branding* não é definir como comunicar essa imagem, mas como ter dentro da empresa, entre todos os seus funcionários, atitudes que reflitam o seu modo de ser, os seus valores, sua forma de atuar nos negócios. Cada dia mais, a comunicação das empresas precisa mostrar ao público como elas são por dentro, quais as suas motivações, qual sua visão da sociedade e assim por diante. Isso gera pontos de identidade entre o consumidor e a empresa. Não se trata de falar em responsabilidade social e montar grupos de voluntariado se os funcionários não internalizarem conceitos importantes de respeito e responsabilidade social no seu dia a dia, na forma como atendem ao telefone, com que velocidade respondem a uma solicitação de um cliente, na qualidade da informação que passam para os seus públicos, na forma como se apresentam e assim por diante.

Resta aos comunicadores o cuidado com a transparência e a honestidade da comunicação, que, é extremamente importante notar, não deve mais estar centrada apenas na propaganda, mas apoiada cada vez mais em disciplinas até então consideradas de *segunda linha*, como relações públicas, assessoria de imprensa, marketing de relacionamento e, é claro, o próprio endomarketing, ou seja, a comunicação constante e consistente com os funcionários, pois são eles que fazem a imagem da empresa. Sem isso, os consumidores podem se transformar em um impiedoso juiz e *punirem* a marca, simplesmente deixando de comprar os seus produtos.

5.7.3 *Brand Equity*

A última parte do processo da gestão de marcas envolve o conhecimento e o domínio das técnicas do *brand equity*, o qual começa a assumir importância cada vez maior para as empresas que desejam compreender como as suas marcas estão ou deveriam estar posicionadas junto aos consumidores.

De todas as definições que ouviremos sobre *brand equity*, todas se assemelham à seguinte significação: tudo aquilo que uma marca possui, de tangível e intangível, e que contribui para o crescimento sustentável dos seus lucros. É o somatório dos valores e atributos das marcas que devem se transformar em lucro para os seus proprietários e acionistas. Como a palavra *marketing*, não existe a possibilidade de traduzir o significado da expressão para o português, e tampouco defini-la em poucas palavras sem explicar sua real representação operacional.

Os trabalhos de *brand equity* fazem a organização sistemática e avançada dos procedimentos tradicionais de avaliação e medição em torno da marca, utilizando-se de ferramentas mais sofisticadas, metodologias mais elaboradas e sistemas de informação mais adequados à linguagem capitalista, além de uma nova maneira de focar e trabalhar assuntos já conhecidos.

O *brand equity* é importante na medida em que aumenta as chances de escolha da marca pelos consumidores no ponto de venda, em especial nas circunstâncias em que eles possuem muito pouco tempo para escolher e quando há uma profusão de marcas com possibilidades iguais de gerar associações positivas nas mentes dos consumidores. Essa imagem positiva da marca suporta a sua fixação no mercado, permite sua diferenciação mais rápida dos concorrentes, elevando sua importância no segmento e valorizando a capacidade das empresas em gerar riqueza para os acionistas, para o mercado e para si mesmas.

Além do que já foi mencionado, o *brand equity* significa a existência de algo extra, muito bem posicionado na mente dos consumidores em relação a todas as marcas de uma mesma categoria. Eles invariavelmente estão dispostos a pagar um pouco mais pela compra de benefícios e atributos que associaram a essas marcas, tornando-as ativos mais valiosos para os seus proprietários, durante muito tempo.

Segundo Aaker (1996), *brand equity*[24] é o conjunto de valores ligados a uma marca, seu nome e seu símbolo e seu significado econômico para a empresa e para seus consumidores.

Recursos formadores do *brand equity*:

- awareness: grau de conhecimento medido por teste de *recall* (retorno sobre as ações realizadas) ou de reconhecimento da marca dentro de uma determinada categoria de produto ou serviço;
- acceptability: qualidade percebida ou grau de aceitação (e de rejeição) da marca de um produto ou serviço, em termos de adequação às necessidades dos consumidores;
- preference: grau de preferência do consumidor entre as marcas de uma mesma categoria, decorrente dos atributos associados a cada uma delas e de sua relevância no processo de escolha;
- loyalty: lealdade ou grau de relacionamento pessoal que um consumidor desenvolve em relação a determinado produto ou serviço e que pode variar desde a indiferença até a devoção ou fidelidade.

A preocupação com o valor patrimonial das marcas teve início no final dos anos 1980, gerado pelas inúmeras compras e fusões de grandes grupos multinacionais, em que estavam envolvidas marcas bastante conhecidas e um alto volume de investimentos, de modo que, além da materialidade dos produtos e das instalações físicas das empresas, é preciso negociar também o que não é tangível.

5.8 O Marketing Social

Surgido no início da década de 1970, o termo marketing social é usado para descrever o uso dos princípios e técnicas do marketing na

---

[24] O *brand equity* lida com o valor, normalmente definido em termos econômicos, de uma marca, para além do patrimônio físico associado à sua fábrica ou fornecedor.

promoção de uma causa, ideia ou comportamento social, influenciando sua aceitação pelo público. A expressão marketing social foi introduzida por Philip Kotler e Gerald Zaltman no artigo *Social Marketing: An Approach to Planned Social Change* (KOTLER; ZALTMAN, 1971), no qual conceituaram marketing social como sendo o processo de criação, implementação e controle de programas implantados para influenciar a aceitabilidade das ideias sociais e envolver considerações relativas ao planejamento de produto, preço, comunicação, distribuição e pesquisa de marketing.

> **Responsabilidade Social Empresarial (RSE)**
>
> A expressão responsabilidade social suscita uma série de interpretações. Para alguns autores, representa a ideia de responsabilidade ou obrigação legal; para outros, é um dever fiduciário, que impõe às empresas padrões mais altos de comportamento que os do cidadão médio. Há os que traduzem, de acordo com o avanço das discussões, como prática social, papel social e função social. Outros a veem associada ao comportamento eticamente responsável ou a uma contribuição caridosa. Há ainda os que acham que seu significado transmitido é ser responsável por ou socialmente consciente e os que associam a um simples sinônimo de legitimidade ou a um antônimo de socialmente irresponsável ou não responsável (ZENONE, 2006, p. 5).

O marketing social pode ser definido também, de acordo com Pringle e Thompson (2000, p. 3), como "uma ferramenta estratégica de marketing e de posicionamento que associa uma empresa ou marca a uma questão ou causa social relevante, em benefício mútuo". Ainda segundo eles, o marketing para causas sociais pode ser desenvolvido por meio de uma aliança estratégica entre uma empresa e uma organização filantrópica ou beneficente comprometida com a área de interesse social definida, ou a empresa pode agir diretamente em benefício da *causa* adotada. Ele é visto como uma forma de as empresas, por meio de ações sociais, melhorarem sua imagem corporativa, diferenciarem seus produtos, aumentarem vendas e agregarem fidelidade à marca.

> Se as marcas do fabricante tiverem poucos recursos para inovar o produto ou para continuar a investir em seu patrimônio de marca, então o desafio é encontrar mensagens novas, a um custo razoável, que possam ser transmitidas e ouvidas. As mensagens do Marketing para Causas Sociais podem fazer isso para os profissionais de marketing. (PRINGLE; THOMPSON, 2000, p. 22)

É justamente em virtude desse tipo de definição que o marketing social é frequentemente encarado como uma forma de se fazer uso do social para promoção de empresas, com a própria ação social ou com o patrocínio de causas sociais. No entanto, muitos profissionais de mercado utilizam o conceito de marketing social como uma forma de oportunismo, acreditando que é suficiente desenvolver um projeto filantrópico para que a organização seja vista pelo mercado como uma empresa cidadã. Por isso o termo ainda suscita uma conotação negativa por parte daqueles que realmente se empenham num trabalho de transformação social.

Esse tipo de interpretação ocorre porque o marketing social não abarca todos os aspectos que, por exemplo, estão presentes na responsabilidade social. A responsabilidade social corporativa é muito mais do que o marketing social. É algo que tem a ver com o comportamento e a atitude da companhia em todas as suas operações e com todos aqueles que a empresa se relaciona direta ou indiretamente no seu dia a dia, como colaboradores, fornecedores, acionistas, entre outros.

Ao se desenvolver campanhas de marketing social em uma empresa, geralmente não se toca em assuntos como relações com funcionários e fornecedores, transparência, preocupações ambientais, etc. A atenção fica voltada à ação social, à comunicação desta ação e à imagem que é passada para o consumidor. Para ele, e para uma sociedade que precisa de transformações sociais, isso não é suficiente. Saber que a empresa apoia uma causa social não basta para que ela seja percebida de maneira positiva, pois todos os aspectos que envolvem o processo de fabricação de um produto ou serviço são acompanhados e avaliados pelo consumidor, desde sua origem e as condições de fabricação até o impacto do produto no meio ambiente, por exemplo.

Numa realidade complexa como a brasileira, em que as diferenças sociais e econômicas se intensificam, as companhias perceberam, na última década, que a visão de negócio estava sendo ofuscada por uma miopia que, se não devidamente cuidada, poderia comprometer seriamente o seu desenvolvimento futuro e consequentemente afetar seus lucros. A preocupação ganhou corpo com a competitividade de mercado e fez com que algumas companhias investissem em marketing social. Outras companhias, por sua vez, mais atentas às necessidades dos funcionários, clientes, fornecedores, comunidade e do país, assumiram um comprometimento muito maior do que anunciar atitudes ou encabeçar ações paternalistas: adotaram uma série de indicadores que lhes permitam traçar uma radiografia das ações e criar um instrumento que pudesse refletir os anseios da empresa como um todo.

5.8.1 O Consumidor cada vez mais Consciente

A razão central para uma empresa orientar suas estratégias para o social está na mudança nas exigências, principalmente do consumidor (cliente), que estão buscando cada vez mais produtos e serviços com qualidade superior, além de que estarem cada vez mais sensíveis a ações mercadológicas que podem causar danos à coletividade.

A relação dos consumidores com as empresas vem mudando rapidamente, assim como a comunicação, que está muito mais rápida e globalizada. Veja, por exemplo, que um único e-mail enviado por uma pessoa com notícias negativas sobre uma empresa pode correr o mundo em poucas semanas e *arranhar* a reputação que levou anos para ser construída. As maneiras do consumidor se comunicar com as empresas também estão diferentes; está muito mais fácil. Linhas diretas de atendimento ao consumidor, sites corporativos e e-mails de contato, além de órgãos como o Procon[25], mostram aos consumidores que há a possibilidade de reclamar, exigir e criticar. Os consumidores estão mais cientes de seus direitos e de como o seu consumo afeta a sociedade em que vivem.

O consumidor brasileiro aos poucos vem acordando para os seus direitos e está ciente de que pode reivindicar respeito por parte das empresas. O Código de Defesa do Consumidor é um exemplo desse avanço. Aos poucos, também, o consumidor começa a acordar para a questão da responsabilidade social. A ideia de que o produto ou serviço que ele consome pode ajudar a melhorar ou piorar o mundo em que vive é um questionamento cada vez mais presente na mente do consumidor brasileiro. A expressão *consumo consciente* aos poucos passa a fazer parte da realidade desse consumidor. Organizações como o Instituto Akatu[26] tratam do tema e chamam a atenção para a importância do equilíbrio entre o bem-estar do consumidor com as possibilidades ambientais e as necessidades sociais. Aumenta a preocupação por parte desse consumidor com os processos da empresa para que ele então consuma o seu produto. Questões como o uso de recursos naturais e a utilização e descarte de produtos, processos de fabricação, fornecedores envolvidos, etc., estão sendo avaliados e observados.

Referências

AAKER, D. A. *Criando e administrando marcas de sucesso*. São Paulo, Futura, 1996.
COBRA, M. *Administração de marketing*. 2. ed São Paulo, Atlas, 1997.

---

[25] Procon. Disponível em: <http://www.procon.sp.gov.br>. Acesso em 25 abr. 2007.
[26] Instituto Akatu. Disponível em: <http://www.akatu.org.br>. Acesso em: 24 abr. 2007.

CHIAVENATO, I.; MATOS, F. G. *Visão e ação estratégica*. São Paulo, Prentice Hall, 2001.

CHURCHILL, G. A. *Marketing: criando valor para o cliente*. São Paulo, Saraiva, 2000.

DOMINGUES, D. G. *Marcas e expressões de propaganda*. Rio de Janeiro, Editora Forense, 1984.

HOOLEY, G. J. *Estratégia de marketing e posicionamento competitivo*. São Paulo, Prentice Hall, 2001.

KELLER, K. L. *Gestão estratégica de marcas*. São Paulo, Pearson Prentice Hall, 2006.

KOTLER, P. *Administração de marketing*. São Paulo, Prentice Hall, 2000.

KOTLER, P. *Administração de marketing: análise, planejamento, implementação e controle*. São Paulo, Atlas, 1998.

KOTLER, P. *Administração de marketing: análise, planejamento, implementação e controle*. São Paulo, Atlas, 1996.

KOTLER, P.; ZALTMAN, G. Social Marketing: an approach to planned social change. *Journal of marketing*. Oct. - nov., 1971.

NOSÉ JR., A. *Marketing internacional: uma estratégia empresarial*. São Paulo, Pioneira, Thomson-Learning, 2005.

MARANALDO, D. *Estratégia para a competitividade*. São Paulo, Produtivismo, 1989.

MCCARTHY, E. J.; PERREAULT Jr, W. D. *Marketing essencial: uma abordagem gerencial e global*. São Paulo, Atlas, 1997.

PRINGLE, H.; THOMPSON, M. *Marketing social*. São Paulo, Makron, 2000.

SEMENIK, R. J., BAMOSSY, G. J. *Princípios de marketing*. São Paulo, Makron, 1995.

SOUZA, M. G.; NEMER, A. *Marca e distribuição*. São Paulo, Makron Books, 1993.

ZENONE, L. C. *Marketing social*. São Paulo, Thomson Learning, 2006.

Capítulo 6
Competitividade Empresarial por Meio da Gestão Estratégica

A partir do que foi apresentado até este momento, percebe-se que manter a competitividade em alta é um desafio permanente para todas as empresas. No entanto, desenvolver uma gestão estratégica[27] é um processo que deve ser de responsabilidade não só da alta administração, mas fundamentalmente compartilhado com outros níveis de gerência, quando houver, buscando o envolvimento e comprometimento de todos para planejá-lo, gerenciá-lo, executá-lo, acompanhá-lo e o de corrigir rumos quando necessário (ver Figura 6.1).

Para este último capítulo, são desenvolvidos alguns conceitos que colaboram e influenciam diretamente no desenvolvimento de uma gestão estratégica de marketing, que seja eficiente e eficaz em um ambiente competitivo, sem o objetivo de esgotar o assunto, mas de aprofundar suas análises. Entre os principais conceitos que serão apresentados neste capítulo, temos:

- *balanced scorecard* (BSC);
- liderança estratégica;
- administração participativa;

---

[27] A gestão estratégica pode ser implementada, considerando se as proporções e necessidades, em grandes, médias e pequenas empresas. Ao pensar em adotá-la, faz-se necessário, em primeira instância, a vontade e a disposição.

- gestão do conhecimento;
- governança corporativa.

Figura 6.1

Visão estratégia incorporando os conceitos de Marketing Estratégico e Planejamento de Marketing com foco no ambiente de negócios.

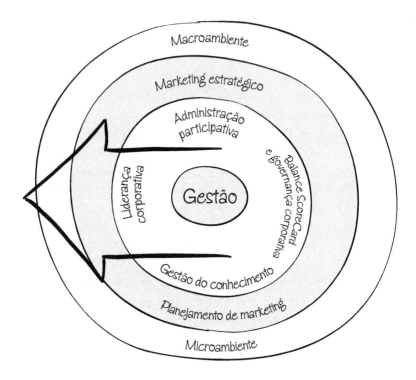

Segundo Chiavenato e Matos (2001), a visão estratégica implica pensar e raciocinar em relação ao futuro, destacando metas e objetivos a longo prazo. Trata-se de uma maneira diferente de ver partes internas e externas do mercado, a partir de uma visão global, uma visão holística, e não apenas das partes integrantes, procurando coordenar ações futuras que solucionem problemas da empresa.

A imagem que a empresa tem a respeito de si mesma e do seu futuro corresponde à sua visão estratégica. Toda empresa deve ter uma visão adequada de si mesma, dos recursos de que dispõe, do tipo de relacionamento que deseja manter com seus clientes e fornecedores, de como irá atingir os seus objetivos organizacionais, das oportunidades e desafios que deve enfrentar.

A visão estratégica procura eliminar a improvisação, promovendo um processo de aprendizagem contínua, buscando desse modo vantagens competitivas. Esse processo de aprendizagem permite resultados essenciais ao negócio, tais como:

- melhor interpretação do ambiente em condição de turbulência;
- um tempo de antecipação cada vez mais rápido;
- respostas cada vez mais ajustadas.

O levantamento de informações relevantes, necessárias e precisas proporcionará novos conhecimentos, os quais auxiliarão de maneira mais adequada às visões e às ações estratégicas, objetivando projeções mais seguras dos cenários e ambientes futuros, assegurando melhor posição no mercado.

Contudo a maioria das empresas possui somente alguns indicadores macroeconômicos e mesmo assim não faz o acompanhamento contínuo dos processos, não reconhece o conhecimento como parte de sua estratégia, impossibilitando a formação de um conjunto coerente de medidas de desempenho que leve a uma visão estratégica de crescimento a longo prazo.

A maior quantidade e qualidade desses indicadores, aliada a uma ferramenta estratégica como o BSC, permite maior agilidade e assertividade na tomada de decisão.

A adoção do BSC permite traduzir claramente a estratégia e as ações a ela vinculadas, de forma que cada profissional envolvido possa compreender e medir seu papel no desenvolvimento do negócio, facilitando a ligação entre as metas corporativas, das unidades de negócio, das equipes e dos indivíduos. Como resultado, a empresa torna-se mais ágil e proativa, gerenciando de modo mais eficaz as transformações ocorridas nos ambientes interno e externo.

6.1 *Balanced Scorecard* (BSC)

O BSC é um sistema de gestão baseado em indicadores que impulsionam o desempenho, proporcionando à empresa visão do negócio atual e futura, de forma abrangente. Traduz a missão e estratégia em objetivos e medidas organizadas em quatro perspectivas descritas e ilustradas na Figura 6.2:

1. financeira;
2. cliente;
3. processos internos;
4. aprendizado e crescimento.

Figura 6.2

As quatro perspectivas do BSC

Fonte: adaptado de Kaplan e Norton (1997).

- *Perspectiva financeira*: avalia a lucratividade da estratégia. Permite medir e avaliar resultados que o negócio proporciona e necessita para seu crescimento e desenvolvimento, assim como para satisfação dos seus acionistas. Entre os indicadores financeiros que podem ser considerados, constam o retorno sobre o investimento, o valor econômico agregado, a lucratividade, o aumento de receitas, a redução de custos e outros objetivos de cunho financeiro que estejam alinhados com a estratégia. Os objetivos financeiros representam metas de longo prazo para gerar retornos acima do capital investido na unidade de negócios. O BSC permite tornar os objetivos financeiros explícitos, além de permitir ajustes entre unidades de diferentes negócios e de diferentes fases de seus ciclos de vida e crescimento;
- *perspectiva do cliente*: identifica os segmentos de mercado visados e as medidas do êxito da empresa nesse segmento. Identificar os fatores que são importantes na concepção dos clientes é uma exigência do BSC, e a preocupação desses, em geral, situa-se em torno de quatro categorias: tempo, qualidade, desempenho e serviço. Em termos de indicadores considerados como essências nessa perspectiva, constam as participações de mercado, a aquisição de clientes, a retenção de clientes, a lucratividade dos clientes e o nível de satisfação dos consumidores. Representam metas para as operações, a logística, o marketing e o desenvolvimento de produtos e serviços da empresa;
- *perspectiva dos processos internos*: é elaborada após as perspectivas financeira e do cliente, pois essas fornecem as diretrizes para seus objetivos. Os processos internos são as diversas atividades empreendidas dentro da organização que possibilitam realizar desde a identificação das necessidades até a satisfação dos clientes. Abrange os processos de inovação (criação de produtos e serviços), operacional (produção e comercialização) e de serviços pós-venda (suporte ao consumidor após as vendas). A melhoria dos processos internos é um indicador-chave do sucesso financeiro no futuro;

- *perspectiva aprendizado e crescimento*: oferece a base para a obtenção dos objetivos das outras perspectivas. Com ela, identifica-se a infraestrutura necessária para propiciar crescimento e melhorias a longo prazo, as quais provêm de três fontes principais: pessoas, sistemas e procedimentos organizacionais. Identifica também as capacidades que a empresa deve dispor para conseguir processos internos capazes de criar valor para clientes e acionistas. Como indicadores importantes podem ser considerados: nível de satisfação dos funcionários, rotatividades dos funcionários, lucratividade por funcionário, capacitação e treinamento dos funcionários e participação dos funcionários com sugestões para redução de custos ou aumento de receitas.

Figura 6.3

Relação causa-efeito do BSC

Segundo Campos (1998), uma empresa só deverá ser considerada no caminho do sucesso se os quatro conjuntos de indicadores estiverem devidamente *balanceados*, ou seja, aplicados com graus de importância relativa porém equitativa, de forma a possibilitar um desenvolvimento real e equilibrado.

Outro aspecto importante, além da integração das quatro perspectivas, a ser ressaltado é o fato de colocar a estratégia e a visão, não o controle, no centro do sistema de gestão. Segundo Campos (1998), as empresas criativas usam o BSC como um sistema de gestão estratégica, uma vez que o método introduz uma nova forma de abordar e de chamar a atenção dos gerentes para os quatro aspectos mais importantes que, separada ou complementarmente, contribuem para conectar os objetivos estratégicos a longo prazo aos resultados e ações a curto prazo. Os sistemas de controle da grande maioria das empresas, construídos ao redor de objetivos e indicadores financeiros, não relacionam com igual clareza os esforços, progressos ou insucessos que ocorrem na tentativa de alcançar os objetivos a longo prazo, criando assim uma lacuna entre o estabelecimento das estratégias e a sua implementação.

A estratégia e a visão da empresa devem ser utilizadas para nortear o processo de formulação dos objetivos estratégicos, medidas (ou indicadores), metas e vetores de desempenho (ou iniciativas) para cada uma das quatro perspectivas. Para tal, é necessário que seja realizado um processo cíclico composto de quatro etapas. Em primeiro lugar, é necessário que a visão seja compreendida e compartilhada; depois, essa deve ser comunicada em termos de objetivos e medidas estratégicas, as quais serão utilizadas para direcionar o trabalho, alocar recursos e estabelecer metas. A partir dos resultados obtidos, será possível analisar melhorias em termos do aprendizado organizacional e dessa forma permitir uma reavaliação da Visão.

Compreendido como um sistema de gestão estratégica, o *Balanced Scorecard* passa a viabilizar processos gerenciais críticos:

1. esclarecer e traduzir a visão e a estratégia;
2. comunicar e associar objetivos e medidas estratégicas;
3. planejar, estabelecer metas e alinhar iniciativas estratégicas;
4. melhorar o *feedback* e o aprendizado estratégico.

O primeiro processo permite aos gestores criar consenso acerca da visão e estratégia da organização, as quais devem ser expressas como um conjunto integrado de medidas e objetivos bem definidos para que todos tenham o mesmo entendimento das diretrizes estratégicas e sucesso esperado.

O segundo processo mobiliza todos os integrantes da empresa para ações dirigidas à consecução dos objetivos. Isso faz com que todos os níveis organizacionais entendam a estratégia adotada por sua área e como ela se integra aos fatores globais de sucesso. Isso é possível devido às relações de causa e efeito entre as medidas adotadas, o que induz o raciocínio sistêmico e dinâmico.

O terceiro processo busca integrar os planos financeiros e estratégicos. Utilizando as medidas do BSC como base para a alocação de recursos e definição de prioridades, os executivos podem concentrar a sua atenção nas iniciativas que visem alcançar os objetivos estratégicos a longo prazo sem prejuízo dos objetivos a curto prazo.

O quarto processo gerencial é considerado o aspecto mais inovador; é aquele que realmente cria um diferencial competitivo sustentável. Os processos atuais de análise crítica e reformulação concentram o foco de sua atenção em verificar se os objetivos orçados ou projetados foram alcançados. Como podem surgir novas oportunidades ou respostas a ameaças não previstas na formulação do plano estratégico, os executivos devem avaliar se os objetivos continuam válidos. Caso contrário, a estratégia deve ser ajustada e reavaliada à luz dos acontecimentos e do desempenho mais recente. Esse *feedback* estratégico alimenta o primeiro processo, no qual os objetivos das quatro perspectivas são revalidados ou substituídos de acordo com novos conhecimentos adquiridos.

Sendo assim, fica claro que o BSC preenche a lacuna da grande maioria dos sistemas gerenciais: a falta de um processo sistemático para implementar e obter *feedback* sobre a estratégia utilizada e, quando utilizado nas empresas, facilita o processo de gerenciamento, ajudando na manutenção da sua sobrevivência ao permitir a gestão da sua estratégia.

Os processos gerenciais construídos a partir do *scorecard* asseguram que a empresa fique alinhada e focalizada na implementação da estratégia de longo prazo. Assim entendido, o BSC se torna a base para o gerenciamento das empresas da era da informação e pode ser utilizado com grande sinergia pelas empresas, de modo que, por envolver um menor número de pessoas, sua implementação se torna mais fácil.

O processo de elaboração de um BSC deve ser desenvolvido de acordo com as características de cada empresa. Não existe uma sequência padrão de passos a cumprir, devendo ser adaptada conforme a aplicação.

Finalmente, o BSC é um caminho para a resposta aos vários questionamentos e necessidades das empresas. É importante lembrar que, nesse momento, busca-se preencher as lacunas com explicações econômicas, mas outras perspectivas, tais como: do cliente, do processo interno, aprendizado e crescimento, devem ser visualizadas em conjunto para uma compreensão da real situação geral, permitindo ao empresário ou gestor uma visão sistêmica da empresa e do meio ambiente em que opera.

Os indicadores econômicos são os mais adequados para traduzir em termos tangíveis as conquistas da empresa, mas devem refletir tanto as conquistas na perspectiva econômico-financeira, quanto na dos clientes, processos internos, crescimento e aprendizagem que, em conjunto, refletem o quanto foi, ou não, agregado de riqueza. A montagem dessas perspectivas na empresa para o acompanhamento estratégico possibilita identificar novos caminhos e oportunidades para o desenvolvimento empresarial.

Entretanto, não se deve esquecer que as outras três perspectivas, além de conduzirem para um desempenho financeiro superior, são necessárias como indicadores de tendência, uma vez que permitem a identificação de variações indesejáveis que só apareceriam nos indicadores financeiros tardiamente.

Esperar que a perspectiva econômico-financeira seja a resposta a todos os questionamentos seria incorrer no velho erro: avaliar o desempenho da empresa única e exclusivamente por meio de medidas financeiras tradicionais. A perspectiva econômica deve ser o ponto de partida, e seus indicadores, a linguagem final para todas as perspectivas e principalmente uma forma do empresário ou gestor organizacional acompanhar o desempenho da empresa.

6.2 Liderança Estratégica

O modo pelo qual os líderes comandam ou dirigem uma empresa é importante. Eles precisam ter uma estratégia e precisam refletir, considerando o futuro e antes de começarem, as grandes questões.

Se os líderes se dão ao cuidado de desenvolver um plano de negócio antes de começarem as tarefas, estarão melhores preparados para os acontecimentos à medida que apareçam.

- *Visão*: os líderes têm de ter uma compreensão clara de onde querem que sua empresa chegue. Essa visão estabelecerá a linha básica de tudo que esperam realizar. É o primeiro e mais crítico dos passos. Sem ele, permitirão que outros estabeleçam suas prioridades e terminarão por ver que a urgência da tarefa determina a sua importância, ao invés de a importância da tarefa determinar a sua urgência. Devem reportar-se periodicamente a essa visão, para garantir que a organização permaneça no caminho que eles escolheram. Não esquecer que todos na empresa precisam compreender o que é essa visão. Os líderes têm de manter as coisas simples, evitando um nível de detalhamento que cause confusão;
- *missão*: subsequentemente, os líderes precisam desenvolver os meios de chegar aos fins que planejaram, ou seja, a missão é a substância da visão, é o propósito de todos os líderes. Na missão, os líderes corporificam (transformam em algo real) o que querem realizar ou o que lhes foi determinado que realizassem. Toda empresa precisa ter uma missão claramente definida. Sem ela os líderes se encontrarão à deriva. Todos os membros do grupo precisam ser capazes de enunciar por que estão ali, qual é sua função. É isso que a missão faz com o líder;
- *metas*: os líderes, então, devem dar um passo além, estabelecendo metas específicas: as medidas pelas quais avaliam se estão ou não se aproximando da realização da missão. Pode ser que os líderes não tenham todas as suas metas quando começam, mas está tudo bem. Devem manter um grau de flexibilidade saudável quando formulam os objetivos. As metas dos líderes se desenvolverão e se transformarão ao longo do tempo, à medida que eles recolham retroalimentação de seus grupos. Bons líderes também precisam estar seguros de não estabelecer metas que não correspondam à missão.

Sendo essencial, a liderança estratégica pode levá-lo muito longe. Uma liderança tática efetiva é necessária para garantir que a missão seja executada eficientemente, na base do cotidiano. Um líder eficaz precisa facilitar uma comunicação bilateral forte, criar um ambiente que favoreça o êxito, equipar seu pessoal e torná-lo responsável por padrões elevados.

- *Comunicação*: estabelecer e sustentar boas comunicações é difícil, mas essencial para o êxito. Os líderes precisam ser capazes de recolher o que têm na cabeça e transferir para as pessoas que os seguem. Os seguidores precisam compreender de maneira clara o que se espera deles. Os líderes têm de garantir que a última pessoa do organograma compreenda a mensagem. Certamente os gerentes principais ou líderes de grupo precisam saber quais são as expectativas, mas isso não basta. Os líderes têm de instrumentar a comunicação, de modo a ter certeza de que as mensagens circulem por toda a organização. Elas não podem parar no escalão imediatamente inferior. Isto toma tempo e energia. Os líderes precisam ser cautelosos para não serem levados a atolar-se em minúcias, esquecendo de transmitir sua mensagem à organização. Têm de fazer seu pessoal saber o que eles estão pensando a respeito destes, e os membros do grupo têm de saber que seus líderes não estão sozinhos nisso;
- *escutar*: esse é um caminho de duas mãos. Após enviarem suas mensagens, os líderes precisam escutar as respostas. Precisam falar com seu pessoal de maneira rotineira e descobrir o que está acontecendo na organização. Bons líderes participam do rancho com seus comandados, passam tempo na área de trabalho e saem de seus gabinetes. Se tiverem a oportunidade, as pessoas serão brutalmente honestas. Os líderes também devem revestir suas políticas e programas de uma face humana. Fazendo isso, tornar-se-ão líderes melhores e sua empresa, como resultado, progredirá. É importante evitar ser acusador ou defensivo quando as pessoas fornecem uma retroalimentação honesta. Quando os líderes se sentam com os membros

de seu grupo, devem recordar-lhes a importância destes para o êxito do grupo. Uma palavra de cuidado: os líderes eficazes não deixam que essas reuniões se transformem em sessões de queixas dos supervisores. Devem apoiar o grupo de liderança;

- *ambiente*: o líder é responsável pelo clima da organização. O grupo não funcionará, menos ainda terá êxito, se os seus membros se sentirem ameaçados, desconfortáveis ou maltratados. Não há espaço no local de trabalho — ou em qualquer outro lugar — para a intolerância. Os líderes têm de falar com seu pessoal repetidamente sobre igualdade de oportunidades, honestidade, bem como acerca de assédio sexual e outros comportamentos impróprios. Não podem supor que todos seguirão as regras, é preciso que sejam lembrados disso regularmente. Isto é especialmente importante em uma organização com alta rotatividade: em vez de considerar que os valores já são conhecidos, bons líderes precisam instilá-los em seu pessoal;
- *pessoal*: os líderes devem avaliar o pessoal para responsabilidades crescentes, baseados em sua capacidade, em vez de em sua personalidade. Isso é um ato pouco natural, porque geralmente gostamos de trabalhar com pessoas que se pareçam conosco — é mais confortável assim. Entretanto, os líderes têm de ampliar seu escopo para incluir outras vozes e ideias. O fato de que as pessoas sejam diferentes não significa que não sejam boas. Em vez de levar a efeito um confronto de personalidades, os bons líderes devem graduar seu pessoal conforme sua capacidade e potencial. Quando as pessoas não produzem o esperado, o líder precisa tomar a difícil decisão de removê-las. Esta é uma das coisas mais difíceis que temos de fazer como líderes. É um acontecimento emocional que estraga vidas e fere sentimentos, mas os líderes precisam ter a coragem de tomar essas decisões difíceis. Também é importante dedicar-se à admissão de pessoas. Fazer isso direito significa que muito do resto funcionará. Líderes que admitem pessoas erradas têm o dobro da dificuldade em trabalhar para consertar os problemas que elas criam. Em vez de manter pesos mortos, devem desligá-los, é preciso fazer isso;

- *estabelecer padrões elevados*: os líderes estimulam o êxito em suas organizações estabelecendo padrões elevados. Isso extrai das pessoas uma produtividade que elas jamais imaginavam ter. Naturalmente queremos fazer o melhor. Na maior parte dos casos, quando elevamos a barra suficientemente, não apenas o grupo vai alcançá-la, mas também ultrapassá-la. As Forças Armadas atuam em uma área violenta que exige excelência. Já que não podemos tolerar uma grande margem de erro, necessitamos de profissionais dedicados que compreendam que qualquer coisa a menos custará suas vidas. Portanto, os líderes precisam garantir que tenham pessoal de qualidade. Contudo não devem esperar que todos os membros do grupo alcancem seu padrão pessoal — nem todos podem ser o primeiro. Os líderes, porém, ainda assim devem estabelecer padrões elevados e não devem se desculpar por isso. Os líderes que se satisfazem apenas com o satisfatório descobrirão que a mesma coisa acontece com o grupo;
- *equipar*: as pessoas precisam de instrumentos e recursos para ter êxito. A primeira questão que um líder deve fazer quando as coisas não estão correndo bem é se o grupo teve ou não o suprimento e o treinamento adequados para cumprir a tarefa. O fracasso nem sempre é problema: o grupo simplesmente pode não ter as habilidades ou os recursos de que precisava para ter êxito. Às vezes isto significa lutar por mais dólares ou por tempo extra de treinamento, mas os líderes fazem o que for necessário para preparar o caminho do êxito. Também estimulam o autoaperfeiçoamento e concedem tempo adequado para que seu pessoal o desenvolva. Quanto melhores sejam as pessoas individualmente, melhor será o grupo coletivamente;
- *responsabilidade*: os líderes precisam estabelecer e exigir responsabilidade, isto é parte do negócio. É difícil para novos líderes, mas têm de fazê-lo. Se foi solicitado a um membro do grupo fazer algo, o líder precisa acompanhar para certificar-se de que tenha sido feito. De outro modo o grupo não vai levar o líder a sério. O acompanhamento é extremamente importante.

Quando os seguidores não estão agindo certo, é preciso que se lhes diga, embora nem sempre seja fácil para os que lideram pela primeira vez, fazer isso. Eles não podem deixar as pessoas saírem da linha por muito tempo, pois não é bom nem para eles nem para a organização. A responsabilidade envolve mais do que controlar o mau comportamento. Os líderes também têm de dizer a seu pessoal quando estão certos. Isto é fácil de fazer, mas provavelmente nós não o façamos suficientemente. Uma das coisas que mais motivam é dar tapinhas nas costas das pessoas e congratular-se com elas por um trabalho bem feito. Agradecer às pessoas as estimulará a superarem-se ainda mais. Os líderes devem procurar fazer isso em público, porque assim também motivará os outros colaboradores;

- *lidar com a adversidade*: é garantido que todos os líderes passem por adversidades. Eles vão meter os pés pelas mãos. Também vão mentir (sem perceber) a seu pessoal. Quando isso acontece, os bons líderes os chamam à parte e se corrigem. Eles admitem que erraram e pedem desculpas. Isto não é sinal de fraqueza.

A capacidade de liderar não é um traço genético ou capacidade acidental. As pessoas não nasceram para serem bons líderes. Em sentido contrário, a boa liderança é o resultado de estudo calculado, prática deliberada e às vezes de experiência dolorosa. Pode-se admitir que nem todos podem ser bons líderes.

> Aprender a liderar é um processo longo, que começa na infância. Treinamento, seminários, cursos rápidos e consultoria conseguem apenas aperfeiçoar as qualidades de liderança que a pessoa já possui. (BOYETT, 1999, p. 59)

Alguns indivíduos sempre serão seguidores, por sua personalidade ou disposição natural. Todavia, algumas pessoas que têm potencial inato para liderar jamais lideram. Muitas jamais têm a oportunidade, outras jamais se arriscam. Entretanto, para aqueles que estão dispostos a arriscar, a liderança oferece a oportunidade de realizar grandes feitos.

Uma pessoa pode até nascer com carisma e não querer desenvolver a liderança. Pode realmente ser mais fácil para algumas pessoas do que para outras, e, embora a grande maioria opte por não liderar, porque isso implica em correr riscos ou se expor, todas podem desenvolver essa habilidade (Figura 6.4).

Figura 6.4

O papel da liderança estratégica na gestão organizacional

6.3 Administração Participativa

De maneira abrangente, administração participativa é uma filosofia ou doutrina que valoriza a participação das pessoas no processo de tomar decisões sobre diversos aspectos da administração das empresas. Essa definição tem diversas implicações:

- participar não é natural nos modelos convencionais de administração. Muitos paradigmas mantêm a maioria dos trabalhadores

alienados em relação ao controle de seu próprio trabalho e à gestão da organização;
- a alienação desperdiça o potencial de contribuição das pessoas;
- a participação das pessoas envolvidas nos diversos níveis de decisão contribui para aumentar a qualidade das decisões e da administração, bem como a satisfação e a motivação das pessoas;
- aprimorando a decisão e o clima organizacional, a administração participativa contribui para aumentar a competitividade das organizações.

Administrar de maneira participativa consiste em compartilhar as decisões que afetam a empresa, não apenas com funcionários, mas também com clientes ou usuários, fornecedores, e eventualmente distribuidores ou concessionários da organização.

Segundo Maranaldo (1989, p. 60):

> Administração Participativa é o conjunto harmônico de sistemas, condições organizacionais e comportamentos gerenciais que provocam e incentivam a participação de todos no processo de administrar os três recursos gerenciais (Capital, Informação e Recursos Humanos), obtendo, através dessa participação, o total comprometimento com os resultados, medidos como eficiência, eficácia e qualidade.

Seguindo esse conceito, antes de implantar um processo participativo numa empresa, é necessário harmonizar três aspectos:
- *seus sistemas* (produção, comercialização, recursos humanos, administração e finanças, entre outros): se há conflitos de estilos diferentes de gestão entre estes sistemas, é difícil implantar a gestão participativa numa empresa;
- *condições organizacionais*: é preciso flexibilizar a estrutura organizacional, com menor número de níveis hierárquicos e normas mais adaptáveis;
- *comportamentos gerenciais*: certamente é o mais importante dos três, pois os gerentes serão os principais mobilizadores das pessoas para o processo participativo.

A segunda parte do conceito aborda outro aspecto importante: indica os dois pilares que sustentam a gestão participativa, ou seja, a *participação de todos* e o *comprometimento total com os resultados*. *Participação de todos* significa que a princípio nenhuma pessoa, em qualquer nível hierárquico, deve ser excluída do processo participativo. No entanto, isso implica num grande risco para a empresa, a gestão participativa pode transformar a empresa numa *assembleia geral permanente*, ou seja, resvalar a participação para o *assembleísmo* ou *democratismo*. Daí a importância do segundo pilar que vai sustentar a gestão participativa, analisado a seguir. *Comprometimento total com os resultados* garante que cada pessoa está consciente da sua responsabilidade individual com os resultados a serem perseguidos pela equipe ou pela empresa. Esse comprometimento é uma das características mais importantes da administração participativa, pois disciplina a atuação individual de cada pessoa, evitando o risco de pender para o *assembleísmo*.

Neste sentido, é imprescindível que a empresa, antes de implantar a gestão participativa, defina claramente os objetivos ou resultados a serem alcançados, entre os quais: melhoria da qualidade, maior produtividade, melhoria do clima de trabalho, enriquecimento das funções e flexibilidade na utilização de recursos (Figura 6.5).

Figura 6.5

A importância estratégica da Administração Participativa

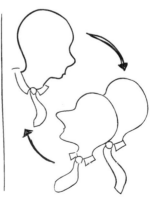

Administração participativa

De maneira abrangente, administração participativa é uma filosofia ou doutrina que valoriza a participação das pessoas no processo de tomar decisões sobre diversos aspectos da administração das empresas.

Os objetivos definidos para serem alcançados pela administração participativa vão definir o melhor formato organizacional para implantar o processo. Por exemplo, se o objetivo é melhorar a qualidade dos produtos e/ou serviços, a forma organizacional será Círculos de Controle de Qualidade ou, mais modernamente, Times de Qualidade ou Grupos de Melhoria Contínua; se o objetivo é melhorar o clima de trabalho, certamente o melhor formato será de célula de produção ou grupo semiautônomo.

Para implantar a gestão participativa, algumas condições devem ser obedecidas:

a) quanto ao uso do poder:
- deve-se ter consciência prévia de que haverá perda parcial do poder nos níveis superiores. Assim, os dirigentes delegam para os gerentes algumas atividades e decisões que antes se concentravam neles; idem dos gerentes para a equipe, de forma que há uma diluição do poder na empresa, envolvendo mais intensamente os colaboradores, o que viabiliza a redução de níveis hierárquicos e possibilita a maior horizontalização da empresa;
- deve-se delegar efetivamente a autoridade à equipe para tomar decisões: a responsabilidade formal permanece com quem delegou;
- deve-se negociar as decisões a serem delegadas por área de competência, ou seja, a equipe ou as pessoas que receberam delegação de autoridade devem agir dentro de uma área limitada de competência, para evitar *invasão* sobre outras áreas;
- deve haver uma predisposição para autonomizar gradualmente os grupos: gestão participativa não se implanta com a delegação imediata de 100% de uma decisão, é sempre possível graduar. Por exemplo: se a delegação para a equipe é de gerenciamento dos recursos de treinamento, inicialmente deve-se estabelecer um percentual dos recursos a serem gerenciados; com a avaliação do processo, caso

os resultados sejam atingidos, aquele percentual poderá gradualmente ir aumentando, até o limite máximo possível ou até o nível adequado ao tipo de decisão.

b) Antes de implantar a gestão participativa, os dirigentes, gerentes e colaboradores devem estar conscientes de que o processo é irreversível, ou seja, não tem retorno; caso contrário poderá provocar grandes frustrações aos empregados, que desacreditarão por muito tempo em qualquer esforço participativo.

Uma vez implantada a gestão participativa, um dos resultados que provavelmente a empresa conseguirá será a mudança na sua relação com os empregados: de uma relação empregatícia passará a ser uma relação de parceria.

6.4 Gestão do Conhecimento

Gestão do conhecimento é o processo sistemático de identificação, criação, renovação e aplicação dos conhecimentos que são estratégicos na vida de uma empresa. É a administração dos ativos de conhecimento das organizações. Permite à empresa saber o que ela sabe.

A gestão do conhecimento leva as empresas a mensurar com mais segurança sua eficiência, tomar decisões acertadas com relação à melhor estratégia a ser adotada em relação aos seus clientes, concorrentes, canais de distribuição e ciclos de vida de produtos e serviços, saber identificar as fontes de informações, saber administrar dados e informações, saber gerenciar seus conhecimentos. Trata-se da prática de agregar valor à informação e de distribuí-la.

Há alguns desafios a vencer na gestão do conhecimento: influenciar o comportamento do trabalhador, considerado o maior deles; fazer com que as lideranças da organização comprem a ideia e, por fim, determinar como classificar o conhecimento.

Para desenvolver os sistemas de conhecimento, é necessário ter foco externo (*benchmarking* da concorrência), tecnologias facilitadoras (*e-mail*, *database*, *data warehouse*, etc.), gestão de performance (mensuração, recomendação, recompensas para equipes, obrigações contratuais) e gestão de pessoas (equipes virtuais, comunidade de prática, coordenadores de conhecimento, busca do perfil do disseminador do conhecimento).

Há quatro décadas Drucker (1999) já alertava para o fato de que o trabalho se tornava cada vez mais baseado no conhecimento.

Somente a organização pode oferecer a continuidade básica de que os trabalhadores do conhecimento precisam para serem eficazes. Apenas a organização pode transformar a capacidade especializada do trabalhador do conhecimento em desempenho.

No Brasil, para se transformar as empresas em *empresas que aprendem* serão necessárias profundas revisões nos valores das lideranças empresariais nacionais. Esse é o primeiro passo, e talvez o mais importante.

Para implantar a gestão do conhecimento na empresa, segundo Terra (2000, p. 203), existem algumas questões e desafios a serem vencidos:

- como mapear o conhecimento (competências individuais) existentes nas empresas?
- Onde se encontram as *expertises* e habilidades centrais da empresa relacionadas às principais competências da empresa?
- Como facilitar e estimular a explicitação do conhecimento tácito dos trabalhadores?
- Como atrair, selecionar e reter pessoas com as requeridas competências, habilidades e atitudes?
- Como manter o equilíbrio entre o trabalho em equipe e o trabalho individual, e entre o trabalho multidisciplinar e a requerida especialização individual?
- Como utilizar os investimentos em informática e em tecnologia de comunicação para aumentar o conhecimento da empresa e não apenas acelerar o fluxo de informações?
- Quais sistemas, políticas e processos devem ser implementados para moldar comportamentos relacionados ao estímulo à criatividade e ao aprendizado?

- Como incentivar e premiar o *knowledge sharing* (compartilhamento de conhecimento) e desencorajar o *knowledge holding* (processo em que as pessoas guardam o conhecimento para si próprias)?
- Como tornar a empresa aberta ao conhecimento externo? Como ampliar e capturar o fluxo de conhecimentos, *insight* e ideias provenientes de clientes, parceiros, fornecedores e da comunidade em geral?

Um dos principais problemas na gestão do conhecimento é a tendência das pessoas de reterem seus conhecimentos. Mesmo as que não o fazem intencionalmente podem simplesmente não estar motivadas a mostrar o que sabem.

Para que a gestão do conhecimento produza efeitos práticos nas empresas, ela deve estar plenamente ancorada pelas decisões e compromissos da alta administração a respeito das iniciativas necessárias em termos de desenvolvimento estratégico e organizacional, investimento em infraestrutura tecnológica e cultura organizacional, que celebre o trabalho em conjunto e o compartilhamento.

A gestão do conhecimento, ainda segundo Terra (2000), tem um "caráter universal", ou seja, aplica-se a empresas de todos os portes e nacionalidades, e a sua efetividade requer a criação de novos modelos organizacionais (estruturas, processos, sistemas gerenciais), novas posições quanto ao papel da capacidade intelectual de cada funcionário e uma liderança efetiva, disposta a enfrentar, ativamente, as barreiras existentes ao processo de transformação.

6.5 Governança Corporativa Auxiliando na Performance Empresarial

O movimento de governança corporativa ganhou força considerável na última década, tendo surgido inicialmente nos Estados Unidos e na Inglaterra, e disseminando-se a partir daí por vários outros países, inclusive o Brasil. Nos Estados Unidos essa tendência ganhou força depois dos escândalos provocados pela maquiagem dos dados de balanços de grandes corporações, como Enron, WorldCom e Tyco, as quais pegaram de surpresa investidores e os próprios acionistas.

No Brasil, muitas empresas também estão adotando o conceito de governança corporativa, motivadas por diferentes razões, dentre elas a profissionalização da gestão, os processos de fusão e aquisição, a abertura do capital ou a própria necessidade de maior eficiência para enfrentar a competição do mercado.

Existem duas visões para o conceito de governança corporativa. Uma diz respeito à transparência da empresa em relação ao mercado e aos acionistas, e adotada pelo Instituto Brasileiro de Governança Corporativa (IBGC) e pela Bolsa de Valores de São Paulo (Bovespa), que criou um sistema de classificação baseado no grau de transparência das relações entre as empresas e o mercado, o Índice Brasileiro de Governança Corporativa.

Já o instituto Gartner vê a governança como um procedimento interno, destinado a facilitar a gestão dinâmica dos recursos da empresa, de acordo com sua estrutura, princípios gerais e processos decisórios. "Os mecanismos de governança permitem a reconfiguração dinâmica da empresa, para atender a mudanças nos negócios, observando as evoluções da tecnologia", afirma Cassio Dreyfuss, vice-presidente e diretor de pesquisas do Gartner para a América Latina.

Apesar das diferenças de ponto de vista, as duas definições têm uma coisa em comum: a necessidade de mecanismos de controle interno mais eficientes, capazes de oferecer uma visão clara de tudo o que acontece na empresa. E aí que entra a tecnologia da informação.

A aplicação do conceito se justifica, pois nem sempre os gestores da empresa estão comprometidos em agir em prol dos interesses dos investidores, sobretudo dos investidores externos e minoritários. A criação de mecanismos de proteção aos direitos destes torna-se relevante para incentivar o investimento.

O aumento da transparência da empresa tende a elevar seu valor de mercado, já que a falta de informação aumenta o risco, fazendo com que os investidores apliquem deságio sobre o que deveria ser o preço justo da empresa. Ocorre, também, uma menor dispersão das expectativas, viabilizando uma valorização mais apropriada da empresa. Nesta mesma linha de raciocínio, a transparência concorre para o aumento da liquidez dos valores mobiliários emitidos pela empresa que, em tendo melhores informações, mais analistas acompanharão a empresa, estimulando decisões de compra e venda.

Uma boa governança corporativa é importante para os investidores profissionais. Grandes instituições atribuem à governança corporativa o mesmo peso que aos indicadores financeiros quando avaliam decisões de investimento. Estudos comprovam que investidores profissionais se dispõem até mesmo a pagar um grande ágio para investir em empresas com altos padrões de governança. Em sua essência, a governança corporativa tem como principal objetivo recuperar e garantir a confiabilidade em uma determinada empresa para os seus acionistas, tarefa difícil, pois, como na vida real, a confiança uma vez abalada demora para recuperar a confiabilidade em uma determinada pessoa. Assim também é com as empresas.

Para que exista a adesão de todos ao negócio e sua estratégia são citados seis ativos principais. Os elementos essenciais de cada ativo incluem:

- *ativos humanos*: pessoas, habilidades, planos de carreira, treinamento, relatório, competências, etc.;
- *ativos financeiros*: dinheiro, investimentos, passivo, fluxo de caixa, contas a receber, etc.;
- *ativos físicos*: prédios, fábricas, equipamentos, manutenção, segurança, utilização, etc.;
- *ativos de PI*: propriedade intelectual (PI), incluindo o *know--how* de produtos, serviços e processos devidamente patenteados, registrados ou embutidos nas pessoas e nos sistemas da empresa;
- *ativos de informação e TI*: dados digitalizados, informações e conhecimentos sobre clientes, desempenho de processos, finanças, sistemas de informação e assim por diante;
- *ativos de relacionamento*: relacionamentos dentro da empresa, bem como relacionamentos, marca e reputação junto a clientes,

fornecedores, unidades de negócio, órgãos reguladores, concorrentes, revendas autorizadas, etc.

A governança desses ativos ocorre por meio de um grande número de mecanismos organizacionais (por exemplo, estruturas, processos, comitês, procedimentos e auditorias). A maturidade na governança desses ativos varia significativamente na maioria das empresas, com os ativos financeiros e físicos sendo tipicamente os mais bem governados e os ativos de informação figurando entre os piores.

Controlar e monitorar os ativos não é tarefa fácil e necessita de uma forte receptividade da direção de sua empresa. Dentro de todos esses, destacam-se os *ativos de informação e TI*, uma vez que as informações disponibilizadas pela tecnologia da informação sustentarão a sua empresa, pois todos os controles, processos, procedimentos e métricas partirão de TI.

Referências

BOYETT, J. H. *O guia dos gurus: os melhores conceitos e práticas de negócios*. Rio de Janeiro, Campus, 1999.

CAMPOS, J. A. *Cenário balanceado: painel de indicadores para a gestão estratégica dos negócios*. São Paulo, Aquariana, 1998.

CHIAVENATO, I.; MATOS, F. G. *Visão e ação estratégica*. São Paulo, Prentice Hall, 2001.

DOLABELA, F. *Oficina do empreendedor*. São Paulo, Editora Cultura, 1999.

DRUCKER, P. *Desafios gerenciais para o século XXI*. São Paulo, Pioneira, 1999.

KAPLAN, R. S.; COOPER, R. *Custo e desempenho: administre seus custos para ser mais competitivo*. São Paulo, Futura, 1998.

KAPLAN, R. S.; NORTON, D. P. *A estratégia em ação: balanced scorecard*. Rio de Janeiro, Campus, 1997.

MARANALDO, D. *Estratégia para a competitividade*. São Paulo, Produtivismo, 1989.

MORGAN, G. *Imagens da organização*. São Paulo, Atlas, 1996.

TERRA, J. C. C. *Gestão do conhecimento: o grande desafio empresarial*. Rio de Janeiro, Negócio, 2000.

Capítulo 7
Considerações Finais

Assim como ocorre com qualquer outra área de conhecimento, o marketing vem evoluindo e se modificando ao longo do tempo. No entanto, muitas empresas continuam a elaborar suas estratégias com a visão voltada mais para dentro delas mesmas do que para o mercado.

Os clientes estão mais exigentes, e consequentemente as empresas, estão enfrentando mais dificuldades para desenvolver seus negócios, tendo que reavaliar sua forma de atuação no mercado. Não há mais uma plataforma fixa que atenda eternamente todos os consumidores. Cada mercado tem diferentes tipos de consumidores que, por sua vez, têm diferentes necessidades. Esta é a base do marketing: as empresas escolhem como alvo um mercado que procura certas características, criando e comunicando uma oferta superior, ou seja, estamos falando da gestão estratégica do marketing.

Dependendo do ponto de início de uma organização, a adoção e a introdução do marketing estratégico pode ter um impacto profundo nos processos organizacionais, como por exemplo:

- *mudanças culturais*: para a prática do marketing com foco no cliente, a atitude da gerência deve mudar, concentrando-se no gerenciamento de clientes para agregar valor (esta é a expressão-chave para conquistar o cliente) e não simplesmente para tentar vender o máximo de produtos possível. Também é provável que o período de tempo para as tomadas de decisão deva ser estendido, pois as considerações de lucro a curto prazo são balanceadas por valores de longo prazo. É importante destacar também que haverá um aumento crescente de cooperação multifuncional, pois gerenciar os clientes de forma eficaz não pode ser de responsabilidade exclusiva dos departamentos de marketing e de vendas;

- *mudanças nos processos organizacionais*: uma estrutura de organização mais flexível adequada ao perfil dos grupos de clientes. O grande desafio é transformar o foco dos produtos em foco no cliente;
- *do* market share *para o* client share: o gerenciamento de informações deverá reconhecer a *participação do cliente* em vez da participação de mercado e avaliar o *valor do cliente* em vez de avaliar o número de produtos vendidos;
- *logística*: os sistemas de serviço de entrega ao cliente precisarão ser mais flexíveis, inteligentes e responsáveis, a fim de garantir a cada cliente as variações de produtos que desejam. Além disso, é necessário ter funcionários capazes de garantir um excelente serviço ao cliente, e no ambiente de e-commerce também será necessário permitir que o cliente tenha a possibilidade de interagir da forma que preferir;
- *recursos humanos*: à medida que essas mudanças ocorrerem, haverá necessidade de assegurar que os funcionários estejam apropriadamente treinados e que os salários estejam de acordo com os novos sistemas de avaliação.

Desse modo, o marketing deixa de ser apenas um departamento da empresa para se transformar na sua orientação.

De Volta à Miopia...

Um dos textos mais consagrados na área de marketing foi escrito por Theodore Levitt (já referenciado no primeiro capítulo) com o título de *Miopia em Marketing*, no qual o autor, pelo uso dessa metáfora, apresenta o quanto as empresas têm uma visão distorcida do mercado no qual atuam.

Apesar do tempo dessa publicação, esse texto ainda se apresenta válido em sua proposta, pois muitas organizações continuam a apresentar esse sintoma.

Mesmo com todos os avanços tecnológicos disponíveis e acessíveis à maioria das organizações, e de uma maior conscientização por parte da direção sobre a importância do ato de entender e atender o cliente, ainda percebemos que velhos hábitos, como o de *empurrar produtos* e a preocupação de apenas efetivar uma venda, ainda estão muito presentes no cotidiano da empresas.

Nos últimos anos venho me dedicando a conscientizar e a estimular as organizações para as novas práticas de marketing, nas quais a busca do relacionamento e uma gestão estratégica que busca a vantagem competitiva se tornam um fator de sobrevivência em face de um cenário que se apresenta cada vez mais competitivo e globalizado.

Todavia, mesmo apresentando a estratégia de negócios com o foco no gerenciamento estratégico, em minhas atividades de consultoria ou nas aulas/palestras percebo que, apesar de os profissionais ficarem entusiasmados com os conceitos e ideias e de se dizerem dispostos a iniciar uma mudança de paradigma, na prática as coisas não acontecem.

Vejamos por exemplo: um grande avanço no relacionamento com o mercado se deve ao crescimento dos Serviços de Atendimento (denominados *call centers*), o qual permitiu que as empresas criassem uma comunicação de *mão-dupla* e em tempo real com o público-alvo.

O contato com o cliente, do ponto de vista do marketing, é um momento nobre, pois ao conhecer melhor as necessidades e opiniões, pode-se desenvolver estratégias mais adequadas, conquistando uma maior fidelização. Os Serviços de Atendimento gratuitos (0800) criaram um hábito nos consumidores em opinar, informar, reclamar, sugerir, etc.

A quantidade de informações espontâneas que surgem por meio desse canal de comunicação é de fazer inveja a qualquer instituto de pesquisa. No entanto, esse *atendimento gratuito* parece ter incomodado algumas empresas que, em sua ganância em obter resultados sem esforços, identificaram uma nova forma de gerar receitas.

Surgiu o Serviço de Atendimento pago (0300), o qual transfere uma parte dos custos da ligação para o consumidor. Do ponto de vista de marketing, principalmente de relacionamento, entendo que essa prática inibe o contato e, consequentemente, limita as informações. Grande... enorme... monstruoso erro!

O lucro ou receita deve vir no ato de atender o cliente por meio do fornecimento de produtos e serviços adequados às necessidades e não do ato de entender o cliente; isso é uma obrigação e ônus da empresa.

Esse é apenas um dos exemplos da Miopia da era tecnológica e que, enquanto a cultura organizacional não mudar, continuaremos presenciando. Enquanto isso, continuarei cumprindo meu papel, que é o de alertar os profissionais responsáveis por essas barbaridades mercadológicas.

Marketing Empreendedor

Percebeu-se, durante o desenvolvimento deste livro, que não restam mais dúvidas de que o cenário mercadológico vem exigindo que estratégias criativas sejam desenvolvidas constantemente como forma de diferenciação. Diferenciação é a palavra da moda, mas não um modismo, e permite que as empresas mantenham sua participação de mercado, ou até mesmo que conquistem novos espaços.

Contudo, para o desenvolvimento de estratégias criativas é fundamental que as empresas disponham de profissionais com características empreendedoras e ambientes apropriados para essa prática.

Além disso, a visão de marketing deve ir além do desenvolvimento de estratégias de produtos ou serviços, de preço, de ponto de venda ou comunicação. Todas essas ações são importantes, mas só terão efeito se atenderem as reais necessidades do público-alvo da empresa.

É fundamental que o profissional envolvido no desenvolvimento de estratégias mercadológicas conheça a necessidade das pessoas com que a empresa se relaciona, sejam elas clientes, pacientes, formadores de opinião, acionistas, intermediários, ou fornecedores, isto é, todos que compõem a aura de negócios.

Para conhecer, é necessário se aproximar, estar disposto a aprender com todos os envolvidos e ter a capacidade de se associar buscando soluções conjuntas. Aliado a esse perfil, a empresa deve estar disposta a inovar, e isso significa correr risco, palavra proibida, concordo, mas sua falta tem provocado uma atrofia estratégica e uma fragilidade junto aos concorrentes.

O conformismo, o medo de correr risco e de fracassar são *doenças* que contaminaram o ambiente organizacional nos últimos anos e vêm impedindo que a empresa se diferencie por meio de estratégias inovadoras e criativas. A empresa que não cuida rapidamente desse mal, corre sim o risco de não sobreviver em um mercado cada vez mais competitivo.

Entretanto, como desenvolver o espírito do marketing empreendedor na organização de uma forma prática? Em primeiro lugar, é importante ter claramente a visão de até onde a empresa quer chegar (futuro) e certificar-se de que todos os envolvidos estão comprometidos com sua realização.

A parte mais difícil é criar na organização um verdadeiro espírito democrático, de modo que todos colaborem livremente no planejamento das estratégias, tenham acesso a todas as informações, tenham visibilidade durante o desenvolvimento de ações, tenham liberdade para agirem, e ainda se beneficiem dos resultados e... pare! Isso é muita utopia!

Certamente muitos devem estar pensando assim, mas isso é normal, é a síndrome do empregado se manifestando. O que é empregado? Empregado é um *dinossauro* que está com os dias contados no ambiente mercadológico e, no seu lugar, está surgindo a figura do empreendedor interno.

Com a estratégia estabelecida, chegou o momento de introduzi-la na gestão organizacional. As ações desenvolvidas geram novos inputs ao sistema organizacional e o ciclo do marketing empreendedor tem seu reinício, tornando-se um movimento cíclico. A cada volta, a empresa aprende mais, cria mais e satisfaz mais o cliente tornando-o fiel a sua marca, pois entende que esta está comprometida com sua vida, com suas necessidades.

Surge, portanto, o modelo Quatro As do marketing empreendedor que são: Aprender, Arriscar, Agir e Atender, assim como mostra a Figura 7.1.

Figura 7.1

Quatro pilares básicos do marketing empreendedor

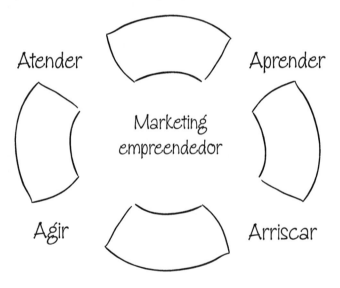

Em resumo, temos os quatro pilares básicos do marketing empreendedor:

- *aprender com todos que compõem a aura de negócios*: isso exige bons relacionamentos e o hábito de pesquisar e estudar o mercado;

- *arriscar-se com ideias inovadoras e criativas*: para essa prática é fundamental um ambiente democrático de fato e de direito;
- *agir transformando estratégias em ações organizacionais*: os processos organizacionais devem estar com o foco no mercado, e o uso da tecnologia deve estar adequado à estratégia;
- *atender as necessidades do mercado*: criar mecanismos à interação com o mercado, garantindo que o produto ou o serviço, o preço, o ponto de venda e a forma de comunicação atendam os principais atributos desejados pelo público-alvo no momento da compra.

Termino lembrando que os conceitos desenvolvidos ao longo desta obra estão em fase de pesquisa e de desenvolvimento constante de minha parte e, portanto, estou aberto a críticas e sugestões.